CASO PRACTICO EN LA EVALUACION DE LA CONFIABILIDAD, DISPONIBILIDAD Y GERENCIA DE LA INCERTIDUMBRE DURANTE EL CICLO DE VIDA DEL ACTIVO

por

Ing. Esp. Luis Daniel Khalil Bittar

Marzo, 2018

Título Original:
Caso Practico en la Evaluación de la Confiabilidad, Disponibilidad y Gerencia de la Incertidumbre durante el Ciclo de Vida del Activo
Autor:
Luis Daniel Khalil Bittar
Copyright ©2018 por Luis Daniel Khalil Bittar
Primera Edición
ISBN-13: 978-1720665984
ISBN-10: 1720665982

DEDICATORIA

DEDICADO a mi esposa Margot, hija Daniela e hijo Samuel.

.

.

AGRADECIMIENTOS

A DIOS todopoderoso.

A mis Padres Nasim y Martha que partieron con El Señor.

A mi Esposa Margot por ser mi ayuda idónea, mi amiga ideal, mi esposa fiel y cabeza del hogar con mi persona.

A mis hijos Daniela y Samuel por sus dulces y humildes corazones y recordarme siempre con sus miradas, cariños y palabras el Amor de Dios manifestado en ellos.

A mis hermanos Félix, Nassim, Roberto y Rosa María por su estímulo constante y servirme de ejemplo como profesionales íntegros.

A todos los profesionales de la Universidad Simón Bolívar que aportaron con Tutoría y Enseñanza en este tema para mí: Joaquín Santos, Medardo Yánez, Hernando Gómez de la Vega, Luis Fernández.

RESUMEN

La exigencia de los negocios y la dinámica de la economía actual motivan a las industrias a producir de forma eficiente y óptima, minimizando los costos, incentivando las inversiones necesarias y maximizando la seguridad, protección ambiental, calidad de productos y beneficios sociales, es decir, maximizando la confiabilidad de sus activos y procesos productivos. Este proceso de toma de decisiones debe tomar en cuenta una serie de variables aleatorias que afectan el resultado de la evaluación, para ello se necesita gerenciar la incertidumbre asociada a estas variables a los resultados de la evaluación económica. Las variables mencionadas son de costos, de datos de falla, de datos de reparación, de tiempos, entre otras. Las mismas deben ser tratadas de forma probabilística para permitir generar resultados necesarios para presentar un pronóstico de la evaluación del costo de ciclo de vida de un proyecto. Esta evaluación permite conocer la rentabilidad de cada una de las opciones que puede tomar un proyecto, considerando las variables mencionadas a lo largo de su ciclo de vida. En este sentido se obtendrá un pronóstico de los probables Valores Presentes Netos (VPN) que puede obtener cada opción del proyecto, con el objetivo de recomendar la opción que ofrezca mayor rentabilidad. En este caso, se presentan el proyecto de las opciones de configuración del Sistema de Carga de Crudo de la Unidad DA-1, las cuales son tres, tal como está con dos turbinas a vapor como elemento motriz, turbina a vapor para una bomba y motor eléctrico para la bomba alterna o motor eléctrico para ambas bombas del sistema de carga. Como resultado se obtiene el mayor Factor de Rentabilidad para la opción de instalar dos motores eléctricos para el sistema en evaluación. Del mismo modo, el menor Costo del Ciclo de Vida es para esta opción. En este sentido se concluye que la mejor opción es instalar dos (2) motores eléctricos para las bombas del Sistema de Carga de Crudo de la Unidad DA-1.

Palabras claves: Evaluación Técnico-Económica, Opciones, Sistemas

|ÍNDICE GENERAL

ÍNDICE DE TABLAS

Tablas **..Pág.**

ÍNDICE DE FIGURAS

INTRODUCCIÓN

La Unidad Destiladora (UD) de la Refinería Mayor es la instalación que se encarga de cumplir con el proceso de destilación del crudo que entra al complejo refinador. El sistema de carga de crudo de la Unidad Destiladora (UD) está conformado por dos bombas centrífugas, cada una accionada por turbinas a vapor. La filosofía de operación es una bomba operando y la otra bomba como respaldo operacional, es decir en "stand by".

Antecedentes

La Gerencia de Operaciones de la Refinería requiere incrementar la confiabilidad del sistema de carga de crudo a la UD, garantizando la mayor rentabilidad durante el ciclo de vida de este sistema. En este sentido, la Gerencia Técnica propone evaluar la rentabilidad de reemplazar los elementos motrices de las bombas de carga. Es factible técnicamente emplear un motor eléctrico en alguna de las bombas de carga, incluso es factible emplear motores eléctricos en ambas bombas, debido a que la carga eléctrica que los mismos requieren no afecta la oferta de generación propia de la Refinería. En este sentido, es necesario evaluar la rentabilidad de modificar los elementos motrices de las bombas en cuestión.

Adicionalmente es necesario incorporar dentro del análisis los conceptos de incertidumbre de las diferentes variables que se involucran en el proceso, con el fin de mejorar la toma decisión, considerando así todos los posibles escenarios.

Planteamiento y Justificación del Problema

El siguiente trabajo consistió en evaluar económicamente el ciclo de vida de tres opciones sobre el sistema de carga, las cuales son: dejar el sistema tal y como está, incluir un motor eléctrico para una de las bombas de carga o incluir dos motores eléctricos (uno para cada bomba) con la finalidad de alcanzar el máximo retorno económico (VPN), y el mínimo Costo del Ciclo de Vida, considerando la incertidumbre asociada a las variables técnicas del proceso de producción, así como las incertidumbres relacionadas a las variables económicas.

Para el desarrollo de este trabajo se emplearon datos de falla y reparación de las bombas y turbinas existentes, los cuales se utilizaron para calcular la disponibilidad del sistema y número esperado de falla durante un ciclo de vida de diez (10) años para el sistema actual. Asimismo, se empleó información de datos de falla y reparación proveniente de la base de datos genérica OREDA 2002 para el caso de los motores eléctricos propuestos para las opciones dos y tres a evaluar. Esta data genérica se conjugó con evidencia de equipos similares a los motores eléctricos propuestos, con el fin de desarrollar el Teorema de Bayes y permitir estimar las disponibilidades y número esperado de fallas para un ciclo de vida de diez (10) años para las opciones dos y tres.

Empleando los históricos de producción de la Unidad DA-1, se pronosticó los posibles impactos en producción asociados a las indisponibilidades del sistema de carga de crudo y asociados al número esperado de fallas. Estos resultados permiten pronosticar el riesgo por falla para cada opción durante su ciclo de vida. Este riesgo será parte del egreso total, necesario para conocer los posibles flujos de caja (ingresos menos egresos) parte fundamental del Análisis Económico del Ciclo de Vida.

Finalmente, se obtiene del Análisis Económico del Ciclo de Vida el pronóstico de la distribución Valor Presente Neto (VPN) para el año 10 del ciclo de vida de cada opción. De esta distribución se encontró el Factor de Riesgo (la probabilidad que la distribución VPN sea menor a Cero) y el Factor de Rentabilidad (la media de la distribución VPN). Estos indicadores de mérito fueron herramientas indispensables para tomar la decisión de la opción más rentable. Del mismo modo, se estimó el Costo Total del Ciclo de Vida para opción, con el objetivo de apoyar el proceso de toma de decisión con otro indicador de mérito.

Este trabajo esta estructurado en cinco capítulos, contemplando el primero de ellos el planteamiento del problema, la justificación, los objetivos y delimitaciones; en el segundo capítulo se presentan los fundamentos teóricos relacionados con el desarrollo del trabajo; en el tercero se detallan los sub-modelos que conforman el modelo general, premisas y herramientas empleadas; en el cuarto capítulo se incluye un análisis de los resultados obtenidos de la aplicación del modelo, finalmente sus respectivas conclusiones y recomendaciones.

CAPITULO I
PLANTEAMIENTO DEL PROBLEMA

1.1. Descripción del Proceso. Unidad Destiladora 1. Refinería Mayor.

La unidad UD de Refinería Mayor recibe un total de 75,000 barriles de crudo liviano por día, con una gravedad API 32°. Este crudo proviene deshidratado de los campos petroleros orientales.

El proceso de la unidad UD se inicia con la entrada del crudo deshidratado hacia el tren de precalentamiento, conformado por cuatro (04) intercambiadores de calor tipo carcaza – haz tubular. El crudo debe entrar a los intercambiadores con una presión de 220 psig, lo cual es alcanzado por el sistema de bombeo de carga de crudo a la unidad, bombas GA-1 y GA-2S. En este tren se incrementa la temperatura del crudo desde 80 °F hasta 195 °F, preparando el crudo para ser desalado. El Desalador inductivo se encarga de eliminar las sales del crudo precalentado.

El crudo desalado entra al sistema de Hornos para recibir la temperatura que indica el proceso de destilación atmosférica, entre 700 y 730 °F dependiendo de los cortes a manejar en la torre destiladora, según programación y economía de productos.

Posterior a los hornos, el crudo entra a la torre destiladora, la cual es ajustada según los cortes de productos y sub-productos que se planifican obtener en la Refinería Mayor. Del tope de la torre se obtiene Gas de Tope y Condensado. Estos fluidos entran a un tambor separador de gas-líquido, para ser comprimidos los gases de tope. Estos gases sufren un proceso de separación del propano y gas combustible, siendo este último un primer producto de la unidad UD. El gas combustible se utiliza como un servicio importante en el resto de la Refinería Mayor. El otro elemento, el propano es un sub-producto de la UD empleado en otras plantas de la Refinería Mayor. El condensado de tope es expuesto a un proceso de retiro de gases como el butano y el mismo propano, para ser transformado en una pre-gasolina, la cual es un sub-producto de la UD y será procesada en gasolina de alto octanaje en las unidades de hidroprocesos.

De la torre de destilación atmosférica se obtiene como segundo corte la nafta, la cual es procesada en una torre fraccionadora de nafta, que separa la misma en nafta liviana y nafta pesada. Ambos sub-productos serán procesados en unidades siguientes para ser transformados en diferentes combustibles.

Los siguientes cortes de la torre fraccionadora, según su densidad desde mas liviano a mas pesado son: diesel liviano, diesel pesado, gasóleo liviano, gasóleo pesado y residual atmosférico. Todos serán transformados a combustibles diversos en posteriores plantas. La Figura 1.1 muestra el Diagrama General del Proceso para la Unidad UD de la Refinería Mayor

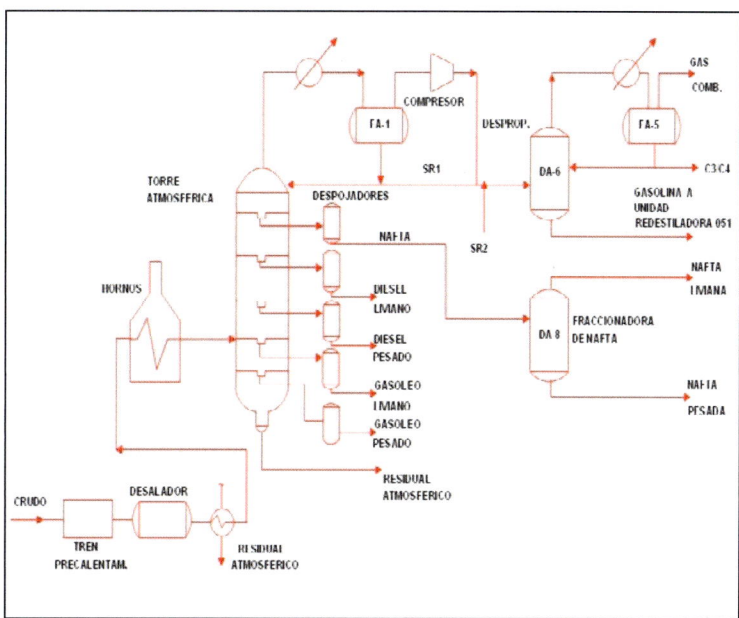

Figura 1.1. Diagrama General del Proceso UD Refinería Mayor

Tren De Precalentamiento Hasta El Desalador

El sistema de bombeo conformado por la GA-1 y GA-2S es el encargado de incrementar la presión al crudo de entrada a la unidad UD. Está conformado por dos bombas centrífugas multietapas (cinco etapas) de 90 MBD de flujo como capacidad de diseño cada una. Las mismas son accionadas por turbinas a vapor como elemento motriz.

La filosofía de operación del sistema de bombeo es rotacional cada treinta (30) días. Se requiere una (1) bomba en servicio y otra de respaldo.

El crudo bombeado entra al tren de precalentamiento conformado por los intercambiadores de calor: EA-4 y EA-17 en serie, los cuales trabajan ambos en paralelo con el EA-6 y los tres (3) anteriormente nombrados trabajan en serie con el EA-24.

Se logra obtener una ganancia de 115 °F en la temperatura del crudo de entrada, es decir a la salida del EA-24 la temperatura es de 195 °F, ideal para continuar con el proceso siguiente, desalación.

1.2. Planteamiento del problema.

El sistema de carga a La Unidad Destiladora (UD) es de alta criticidad debido a la combinación de elevado impacto en la producción y la frecuencia media de falla, la producción de la refinería se detiene en caso de falla total de este sistema, ello tiene una frecuencia de ocurrencia anual. La Gerencia de Operaciones de la refinería requiere incrementar la confiabilidad del sistema de carga de crudo a la unidad UD, garantizando la mayor rentabilidad durante el ciclo de vida de este sistema.

La Gerencia Técnica propone evaluar la rentabilidad de reemplazar los elementos motrices de las bombas de carga, lo cual es factible técnicamente. Se desea evaluar las opciones de emplear un motor eléctrico en alguna de las bombas de carga o emplear motores eléctricos en ambas bombas. Para tomar la decisión sobre la opción de configuración del sistema de carga es necesario evaluar la rentabilidad de modificar los elementos motrices de las bombas en cuestión, es decir identificar la opción que permita alcanzar el máximo retorno económico. Para ello los indicadores de Valor Presente Neto (VPN) y Costo Total del Ciclo de Vida ofrecen herramientas suficientes en el proceso de toma de decisiones. También es necesario incorporar dentro del análisis los conceptos de incertidumbre de las diferentes variables que se involucran en el proceso, con el fin de mejorar la toma decisión, considerando así todos los posibles escenarios.

1.3. Objetivo General.

Desarrollar un Análisis Económico del Ciclo de Vida con el fin de identificar la opción más rentable de configuración de elementos motrices para el sistema de carga de la Unidad DA-1, lo cual permita maximizar el retorno económico (VPN) y minimizar los costos del ciclo de vida del sistema, considerando la incertidumbre asociada a las variables técnicas del proceso, riesgos y variables económicas.

1.4. Objetivos Específicos.

- Estimar la producción futura asociada a la función principal del sistema de carga, empleando la técnica de consulta por "Opinión de Expertos" tomando los valores mínimos, más probable y máximo de la producción asociada a la UD, Conversión Media, Reformación Catalítica e Hidrotatamiento.

- Caracterizar probabilísticamente las variables de confiabilidad tiempo para la falla y tiempo para reparar de los equipos del sistema actual y los sistemas propuestos, empleando historiales de falla y reparación para equipos actuales, así como bases de datos genéricas y evidencia para equipos propuestos.

- Desarrollar el Análisis de Confiabilidad, Disponibilidad y Mantenibilidad para un periodo de diez (10) años, para el sistema actual y los propuestos, con el fin de estimar el número esperado de fallas de cada elemento de los sistemas, así como disponibilidades esperadas de cada sistema.

- Ejecutar el Análisis Cuantitativo de Riesgo, asociado al número esperado de falla de cada elemento del sistema, así como la indisponibilidad esperada de las opciones del sistema de carga, con el objetivo de pronosticar las pérdidas probables por costos de mantenimiento correctivos y por oportunidad de producción.

- Desarrollar el Análisis Económico del Ciclo de Vida de forma probabilística, mediante el modelo del Valor Presente Neto para pronosticar el valor esperado del mismo (Factor de Rentabilidad) y la probabilidad que sea negativo (Factor de Riesgo), para cada opción del sistema de carga, para un lapso de diez (10) años.

- Ejecutar un Análisis del Costo del Ciclo de Vida, donde se pueda pronosticar la distribución de probables valores del Costo Total para cada opción del sistema de carga, para un lapso de diez (10) años.

1.5. Justificación del Problema.

El desarrollo del presente trabajo permitirá determinar la opción más rentable de configuración del sistema de carga a la unidad UD considerando su ciclo de vida, mediante la estimación probabilística del VPN para cada opción y el estudio de los indicadores Factor de Riesgo y Factor de Rentabilidad, los cuales se pronosticarán a partir de la distribución del VPN, del mismo modo se empleará como criterio para la toma de decisiones la estimación probabilística del Costo del Ciclo de Vida para cada opción. Esto se requiere para maximizar el valor del dinero en el tiempo de uno de los sistemas de mayor criticidad de la refinería Mayor.

1.6. Delimitación del Problema.

El estudio se realizó con los datos disponibles desde el año 2005 hasta el año 2010 de históricos de falla y reparación de los equipos de bombeo del sistema de carga de crudo de la Unidad UD de la refinería Mayor, así como la opinión de expertos y el uso de bases de datos genéricas para los equipos propuestos como los son los motores eléctricos.

CAPITULO II
MARCO TEÓRICO

2.1. Gerencia del Riesgo.

Generalmente las tomas de decisiones se basan en la percepción de las posibles consecuencias de los eventos no deseados que probablemente pueden ocurrir sin evaluar las probabilidades de ocurrencia de los mismos. Se recomienda considerar dos situaciones fundamentalmente a la hora de tomar decisiones, una es la probabilidad de ocurrencia de los posibles resultados y la otra son las consecuencias asociadas a estos. La combinación de los efectos de cada uno de las situaciones es lo que motiva a tomar la decisión. [1]

2.1.1. Riesgo.

El riesgo se define como los egresos o pérdidas probables como consecuencia de la probable ocurrencia de un evento no deseado o falla, tal y como se define en el modelo de la ecuación nro. 1

$$R(t) = P(t).C(t) \qquad (1)$$

Donde:
R(t): Riesgo.
P(t): Probabilidad de falla o probabilidad de ocurrencia de un evento no deseado.
C(t): Consecuencia.

El riesgo es un indicador que permite diagnosticar posibles situaciones o eventos y soporta la toma de decisiones con la combinación o comparaciones de diferentes escenarios.

2.1.2. Análisis del riesgo.

Es un análisis probabilístico que soporta el proceso de toma de decisiones con base a la cuantificación y ponderación de la probabilidad de éxito con sus beneficios y la probabilidad de fracaso y sus consecuencias. [1] Este análisis comprende tres fases, dimensionamiento del riesgo, gerencia del riesgo y finalmente la comunicación del riesgo.

Fase 1: Dimensionamiento del riesgo.

Para dimensionar el riesgo deben seguirse los siguientes pasos:

- Identificar y caracterizar los posibles escenarios que producirían eventos no deseados o fallas.
- Calcular la probabilidad de ocurrencia de cada uno de los escenarios identificados.
- Calcular las consecuencias que se producirían en caso de originarse cada uno de los escenarios identificados.

Probabilidades.

Para la determinación de las probabilidades, se disponen de diferentes fuentes de información como: data histórica de la disponibilidad de los equipos o información de las condiciones de estado del mismo.

Consecuencias.

Las consecuencias pueden traducirse en unidades monetarias y pueden ser de naturaleza diversa. En general, todo análisis de riesgo esta orientado a estimar en términos monetarios las consecuencias, los impactos a los seres humanos, al ambiente y la imagen organizacional.

Fase 2: Gerencia del riesgo.

Una vez que las probabilidades y las consecuencias han sido estimadas, se cuantifica el riesgo y se compara con un valor o criterio previamente establecido o de referencia. Si el riesgo resulta ser menor que el riesgo máximo permitido o supera el nivel de riesgo de éxito establecido se toma la decisión, el cual puede significar la aprobación de un proyecto, operar un proceso, instalación de una nueva tecnología, etc. En el caso que el riesgo obtenido sea superior al riesgo permitido se dispone de otras opciones como tomar medidas para reducir la incertidumbre, compra de información, modificación o el abandono del proyecto.

En la gerencia del riesgo, se utilizan modelos que orientan la conveniencia o no de una propuesta en la toma de decisiones. Alguno de los modelos utilizados en esta fase son los siguientes:

- Modelo Pasa – No pasa.

- Modelos de Jerarquización: se realiza a través de modelos matriciales utilizando análisis de criticidad, índice del valor del riesgo alcanzado o la matriz de jerarquización de proyectos.
- Modelos de Optimización: utilizando un análisis de Costo - Riesgo

Fase 3: Comunicación del riesgo.

Una vez finalizada las dos primeras fases, es necesario informar a todas las personas involucradas en el análisis de riesgo los resultados del análisis.

La forma de mostrar los resultados, dependerá del análisis llevado a cabo, de los beneficios, del objetivo y las premisas consideradas, del conocimiento de la audiencia, de las regulaciones utilizadas, etc. La comunicación debe ser bastante clara para que los grupos involucrados comprendan los resultados, las acciones que se llevan a cabo y las decisiones tomadas.

2.2. Análisis probabilístico.

Se debe hacer una breve introducción de los conceptos probabilidad e incertidumbre, los cuales tienen como propósito principal predecir el comportamiento de una variable de salida.

2.2.1 Probabilidad.

Se define como la medida de la posibilidad de ocurrencia de un evento. Existen dos escuelas de pensamiento para definir probabilidad.

- Frecuencista o clásica. Se refiere a que la frecuencia de ocurrencia de un evento es indicador de la probabilidad del mismo. Si el evento es muy frecuente tiene alta probabilidad y si es poco frecuente tiene baja probabilidad.
- Subjetivista o Bayesiana. De acuerdo a esta escuela, la probabilidad se define como el grado de confianza en la veracidad de una hipótesis que puede se probada como verdadera o falsa.

2.2.2 Incertidumbre.

Se define como el grado de desconocimiento acerca del valor que puede tomar una variable bajo estudio.

La cuantificación del nivel de incertidumbre de cada una de las variables se realiza en forma práctica asignando al conjunto de valores disponibles de dicha variable, una distribución probabilística (paramétrica o no paramétrica) que en la medida de lo posible represente la dinámica de la variable a modelar.

2.2.3 Distribuciones de probabilidad.

Las distribuciones de probabilidad son modelos que toman un rango de valores entre los cuales están los probables valores de una variable. Son modelos útiles para inferir sobre eventos futuros y proporcionan gran ayuda en la toma de decisiones. Se clasifican en dos grupos: Distribuciones Paramétricas y No Paramétricas [1].

Las distribuciones no paramétricas son modelos gráficos que representan un grupo específico de observaciones de una variable aleatoria y que relacionan los diversos valores de la variable de estudio, con su probabilidad de ocurrencia. Las distribuciones no paramétricas son el objeto de estudio de un área especial de la estadística conocida como estadística no paramétrica.

Las distribuciones paramétricas son modelos gráficos a los cuales se les puede asociar una función matemática que relaciona los diversos valores probables que puede tomar una variable distribuida, con la probabilidad de ocurrencia de cada valor probable. Una distribución de probabilidad paramétrica es una función matemática teórica, que describe la forma en que se espera que varíen los resultados de un experimento.

Las distribuciones de probabilidad paramétricas mas usadas para variables continuas son: Normal, Lognormal, Exponencial, Weibull, Beta, Gamma y Uniforme

2.2.4 Cuantificación de la incertidumbre.

La cuantificación de la incertidumbre comprende básicamente tres fases o etapas: la primera de ella donde se cuantifica y caracteriza probabilísticamente cada una de las variables de entrada; la segunda, donde se propaga la incertidumbre de las variables de entrada a través del modelo; y la tercera y última fase donde se cuantifica y se realiza la caracterización probabilística de la variable de salida [1]. Esto se ilustra en la Figura 2.1

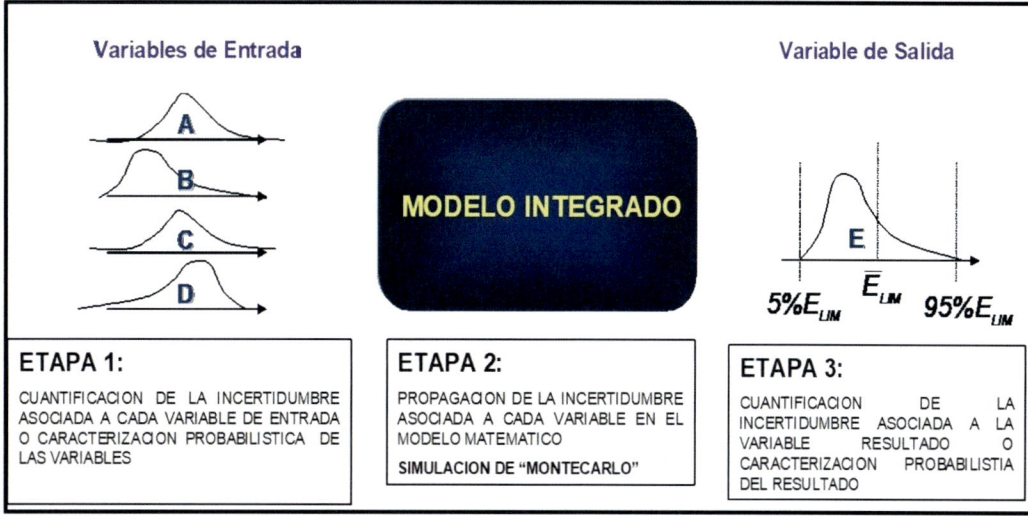

Figura 2.1. Etapas para Cuantificación de la Incertidumbre (Copyright©R2M)

La segunda fase para la cuantificación de incertidumbre se conoce como "propagación de incertidumbre", y ello no es más que el procedimiento mediante el cual se puede incluir y contabilizar la incertidumbre asociada a las variables de entrada, en un determinado modelo matemático, para cuantificar la incertidumbre de la variables de salida. Para resolver este tipo de problemas, se dispone de diferentes herramientas matemáticas, como el Método de los Momentos el cual es de naturaleza analítica y la Simulación de Montecarlo que es de naturaleza numérica.

Caracterización probabilística de variables aleatorias.

Cuando se cuenta con una serie de datos de una variable se debe elegir la distribución de probabilidad que mas se adecue al set de datos de dicha variable. La caracterización probabilística de una variable se realiza a partir de una muestra estadística de datos y/o opinión de expertos.

Caracterización Probabilística De Variables Random Desde Una Muestra Estadística.

Al caracterizar probabilisticamente una serie de datos de una variable aleatoria se busca reproducir el conjunto de datos a partir de una distribución seleccionada; es decir, determinar que tan probable es que una función de distribución de probabilidad elegida, genere el conjunto de datos del que se dispone. Existen diferentes pruebas de bondad de ajuste, tales como: Chi – Square, Kolmogorov – Smirnov y Anderson – Darling.

Chi – Square.

Chi- Square es la prueba de bondad de ajuste mas utilizada. Casi todos los softwares comerciales la poseen. Es conveniente utilizarla cuando la muestra de datos disponibles es amplia, sin embargo, no existe un procedimiento claro para seleccionar el numero de intervalos. En algunos casos se pudiera llegar a diferentes conclusiones a partir del mismo conjunto de datos dependiendo de los intervalos o número de clases. No se recomienda para distribuciones continuas.

Kolmogorov – Smirnov.

La prueba de kolmogorov – Smirnov no agrupa los datos en intervalos o clases. Se utiliza la función de probabilidad acumulada hipotética seleccionada, la cual es comparada con la función de probabilidad acumulada empírica proveniente de los datos. El hecho de que dicha prueba no dependa del número de intervalos la hace más poderosa que la prueba de Chi – Cuadrado.

Anderson – Darling.

La prueba de Anderson – Darling es muy similar a la prueba de Kolmogorov – Smirnov, la cual no depende tampoco del número de intervalos o clases. Esta prueba tiene la ventaja adicional de que hace más énfasis en los valores de las colas.

Caracterización Probabilística De Variables Random Desde La Opinión De Expertos.

Cuando no se dispone de una muestra de datos, se recomienda recurrir a un equipo de expertos en la materia de discusión, quienes generalmente suministran un rango en donde establecen el mínimo y máximo valor que han observado, en algunos casos suministran también el valor más probable. Entre las distribuciones realizadas con la opinión de expertos se tienen: uniforme, triangular y Beta Pert.

Distribución Uniforme.

En esta distribución, todos los valores entre un mínimo y un máximo tienen la misma probabilidad de ocurrencia. Todos los valores entre el mínimo y el máximo tienen la misma probabilidad de ocurrencia. El valor mínimo y el máximo son fijos.

Distribución Triangular.

La distribución triangular ha sido ampliamente usada para modelar variables a partir de la opinión de experto. La distribución triangular simétrica es usada para modelar variables de comportamiento "Normal" a partir de la opinión de expertos, y la distribución triangular segada a la izquierda para modelar variables de comportamiento "Lognormal".

Distribución Beta-Pert.

La distribución Beta-Estándar puede ser re-escalada con la incorporación de dos parámetros adicionales de forma que su rango se extienda de un valor mínimo Xmin a un valor máximo Xmax, tal y como se muestra en la ecuación nro. 2

$$X = PERT\ (Xmin, Xprob, Xmax) = [Beta\ (\alpha,\beta)]*(Xmax-Xmin)+Xmin \qquad (2)$$

Donde la función de densidad Beta se define en la ecuación nro. 3

$$f(x) = \frac{\Gamma(\alpha+\beta)}{\Gamma(\alpha).\Gamma(\beta)}.(X)^{\alpha-1}.(1-X)^{\beta-1} \qquad (3)$$

Donde la función de densidad Beta-Pert se expresa en la ecuación nro. 4

$$f(x) = \frac{\Gamma(\alpha+\beta)}{\Gamma(\alpha).\Gamma(\beta)}.\left(\frac{X-X\min}{X\max-X\min}\right)^{\alpha-1}.\left(1-\left(\frac{X-X\min}{X\max-X\min}\right)\right)^{\beta-1} \qquad (4)$$

Los parámetros α y β se calculan como se define en las ecuaciones nro 5 y 6 respectivamente

$$\alpha = \frac{(\mu-X\min)(2.Xprob-X\min-X\max)}{(Xprob-\mu)(X\max-X\min)} \qquad (5)$$

$$\beta = \frac{\alpha.(X\max-\mu)}{(\mu-X\min)} \qquad (6)$$

En las ecuaciones nro 7 y 8 se muestran como calcular la Media y Desviación Estándar

Donde,

$$\mu:\ \text{Media:}\ \frac{X\min+4.Xprob+X\max}{6} \qquad (7)$$

$$\sigma:\ \text{Desviación estándar:}\ \frac{(X\max-X\min)}{6} \qquad (8)$$

Correlación Probabilística o Interdependencia.

Dos variables aleatorias o distribuidas están correlacionadas cuando cualquier incremento en una de las variables esta invariablemente asociada con un incremento o decrecimiento en la otra variable. Cuando el incremento en una variable X se asocia al incremento de una variable Y, se dice que existe una correlación positiva o directa; por el contrario, así el incremento de X implica el decrecimiento de Y se dice que entre estas variables existe una correlación negativa o inversa.

El factor o coeficiente de correlación "rxy" es un índice estadístico que varia entre -1 y 1 y mide o indica la fortaleza de una correlación probabilística entre dos variables X y Y. La figura 2.2 muestra como se interpreta el factor de correlación entre variables

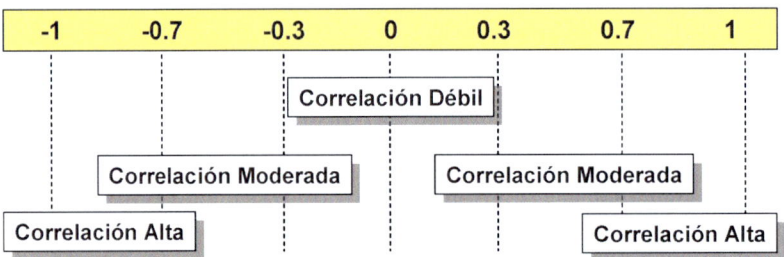

Figura 2.2. Factor de Correlación (Copyright©R2M).

2.3. Conceptos Básicos de Ingeniería Económica.

Los proyectos que se encuentran dentro de un Plan de Inversiones de una Refinería o Complejo Refinador requieren de una evaluación económica, que considere todos los factores que afectan estas operaciones a lo largo de su vida productiva, que permitirá tomar una adecuada decisión, para hacer dichas operaciones económicamente viable, es decir, que produzcan ganancias que satisfacen los objetivos y metas de la compañía.

La Ingeniería Económica es la colección de técnicas matemáticas que simplifican las comparaciones económicas. Es una herramienta de decisión por medio del cual se podrá escoger un proyecto como el más económico posible [2].

El Horizonte Económico de un proyecto se refiere al periodo de tiempo establecido durante el cual se estimarán los flujos de caja de una propuesta de inversión. Este horizonte económico incluye el período de inversiones y operación.

El criterio para la determinación del horizonte económico no debe ser, de ninguna manera, arbitrario y para ello, los siguientes aspectos deben ser cuidadosamente estudiados.

- **El activo principal del proyecto:** todo proyecto de inversión produce ingresos mediante el uso de los activos en los cuales se invirtió. Estos activos tienen un periodo estimado de servicio el cual se conoce con el nombre de vida útil. Lógicamente, el horizonte económico deberá ser, como máximo, el período de inversión inicial más el período de vida útil del activo principal.

- **El tipo de proyecto:** existen proyectos, de corto, mediano o largo plazo, dependiendo del objetivo que se pretenda con los mismos. Por ejemplo, un proyecto de inversión para la explotación de un yacimiento petrolero tendrá un horizonte económico largo, ya que, si se considera el ciclo de vida del producto, así como el tiempo de desarrollo de la infraestructura, esto lleva a pensar que el calculo de los flujos se realizara, como mínimo, a lo largo de una duración igual a la vida productiva de dicho yacimiento.

- **Las condiciones económicas / políticas / sociales del país:** El establecimiento del horizonte económico debe contemplar las condiciones de estabilidad económica, política y social de un país, cuando las mismas pueden afectar los resultados del proyecto de inversión.

2.3.1 Diagrama de Flujo de Caja.

Cada persona o compañía tiene ingresos y pagos de dinero que ocurren en cada lapso o tiempo dado a los cuales se le denomina flujo de caja o de capital. Un flujo de caja positivo usualmente representa un ingreso y uno negativo representa un egreso o desembolso. Un flujo de caja normalmente toma lugar en diferentes intervalos de tiempo dentro de un período de interés; para simplificar se supone que todos los flujos de caja ocurren al final de cada período de interés. Estos se conocen como conversión de fin de período.

Cualquier equipo, utilizando un modelo simple de probabilidades, tiene una probabilidad de fallar en un momento dado conocida como "λ" o "Tasa de Falla". Un proceso estocástico genera, en función del tiempo, una confiabilidad esperada, y por ende, una tasa de utilización esperada para un equipo (disponibilidad): $1-\lambda$.

Con esta tasa de falla, se puede calcular el "Flujo de Caja Esperado" para ese equipo, en función de los ingresos y costos asignados a esa máquina. La sumatoria de todos los flujos de caja esperados, uno por cada máquina en cada unidad de tiempo, producen el flujo de caja operativo del período i

2.3.2. Tasa de Descuento.

Se conoce que independientemente de la inflación el dinero tiene un valor en el tiempo, es decir, el capital tiene un valor o costo que se representa a través de una tasa de interés. La tasa que representa el valor al cual un inversionista está dispuesto a arriesgar su capital se conoce como tasa de descuento, siendo uno de sus componentes el costo de oportunidad.

La tasa de descuento es diferente y particular para cada inversionista y proyecto dependiendo de las características de la empresa, las expectativas de cada inversionista y el riesgo asociado a cada inversión.

La industria petrolera utiliza una tasa de descuento promedio que, además de considerar el costo de capital, cubre el riesgo promedio que puedan generar proyectos de diferente índole, así como una cuota de participación para los proyectos que no generan ingresos.

2.3.3. Indicadores Financieros.

Todo proceso de inversión genera un flujo de caja anual durante el horizonte económico establecido, estos flujos de caja por sí solos no ofrecen información fácilmente interpretable, por lo cual se ha desarrollado una serie de fórmulas que permiten obtener unos indicadores financieros, cuyos resultados ofrecen una orientación acerca de la conveniencia económica del proyecto.

Estos indicadores se agrupan en dos categorías: los que no consideran el valor del dinero en el tiempo o indicadores estáticos y los que si lo hacen o indicadores dinámicos. El indicador dinámico utilizado en este trabajo es el Valor Presente Neto.

Valor Presente Neto (VPN)

Este indicador se conoce también como el flujo total de caja descontado, valor capital de la inversión, valor actual neto, entre otros. El indicador Valor Presente Neto es la ganancia o pérdidas en términos del valor de dinero en este momento (tiempo presente) a una tasa de interés (r), que considera el cambio del valor del dinero en el tiempo, tal y como se define matemáticamente en la ecuación nro.9.

$$VPN = \sum_{i=0}^{n} \frac{FC_i}{(1+r)^i} \qquad (9)$$

Donde:

n: horizonte económico. (años).

r : tasa de descuento. (%).

FCi: Flujo de caja efectivo en el periodo i.

Si el VPN del proyecto es positivo indica que habrá ganancias mas allá de haber recuperado la inversión inicial, si es cero indica que sólo se ha recuperado la inversión inicial, y por último de ser negativo las ganancias no son suficientes para recuperar el dinero invertido.

2.4. Gerencia de Activos.

Es un conjunto de disciplinas, metodologías y herramientas para optimizar el impacto sobre el ciclo de vida del negocio, de los costos, el desempeño y la exposición al riesgo, asociados con confiabilidad, disponibilidad, eficiencia, longevidad y cumplimiento de las regulaciones de seguridad y ambiente, de los activos físicos, en armonía con el activo humano.

2.5 Análisis Económico del Ciclo de Vida (AECV).

Es una metodología dirigida a modelar todos los eventos que pueden afectar el comportamiento económico de un activo durante toda su vida útil, incluyendo todas las fases desde el diseño, procura, construcción, operación, mantenimiento hasta su desincorporación.[2] El AECV permite la inclusión de los eventos derivados del nivel de confiabilidad de los activos. De esta manera se obtendrá una mayor aproximación a la realidad en la estimación de los posibles impactos de eventos indeseados (por ejemplo, fallas, perdidas de producción, etc.) en el ciclo de vida del activo. Adicionalmente permite evaluar opciones como "desincorporar activos"; "cambios de tecnología en los activos"; "reparar vs. reemplazar" y otras decisiones frecuentes en el entorno de la Gerencia de Activos y Procesos.

2.6 Análisis del Costo del Ciclo de Vida (ACCV)

El Análisis del Costo del Ciclo de Vida (ACCV) es una versión del Análisis Económico del Ciclo de Vida (AECV); que se centra en el análisis todos los costos que pueden afectar el comportamiento económico de un activo durante toda su vida útil, incluyendo todas las fases desde el diseño, procura, construcción, operación, mantenimiento hasta su desincorporación y la conversión de estos costos a un valor económicamente comparable considerando el valor del dinero en el tiempo. El ACCV es una metodología para la selección de opciones que permite la comparación de alternativas de inversión que tienen costos asociados diferentes; pero que "pueden cumplir los mismos objetivos y/o producir el mismo nivel de ingresos". El Costo de Ciclo de Vida (CCV) debe incluir. El CCV se puede expresar de diferentes maneras, pero una de las más usadas es el Valor Presente.

Objetivos del ACCV.

Con la elaboración de un ACCV se busca lograr los siguientes objetivos generales:
• Presentar un estimado del comportamiento de los costos en el ciclo de vida de un activo.
• Escoger la mejor aproximación costo – efectividad de una serie de alternativas basado en el mínimo costo a largo plazo del activo. Esto permite "invertir en lo correcto en lugar de lo barato".

Beneficios del ACCV.

Dentro de los resultados obtenibles del ACCV podemos citar los siguientes:
• Facilitar la toma de decisiones a los Gerentes y Directores responsables de la gestión de activos.
• Jerarquización de propuestas con igual objetivo o propósito.
• Minimizar los costos en ciclo de vida de los activos.
• Permite el cálculo del Beneficio del Ciclo de Vida.
• Hace accesible los estudios de medida del impacto del CCV en largos términos de presupuesto y operación
• Diseñar los intercambiables de una planta o equipo que impactan el CCV.

Requisitos para su Aplicación

Para la comparación de propuestas alternativas de sistemas complejos, se deben satisfacer los siguientes requisitos:

• Las propuestas que se están evaluando deben tener los mismos objetivos o propósitos. No resulta valida la comparación entre un barco para el transporte de crudo y uno de personas, pero si entre un avión y un barco que transporten personal.

• Deben establecerse criterios para poder evaluar criterios técnico y no técnicos.

• Se debe contar con el mayor número de detalles de las propuestas a evaluar, o se deben estimar de tal manera que sea posible predecir los costos y efectividad de cada propuesta.

La Figura 2.3 permite ilustrar el Perfil de Egresos Durante el Ciclo de Vida de un Proyecto

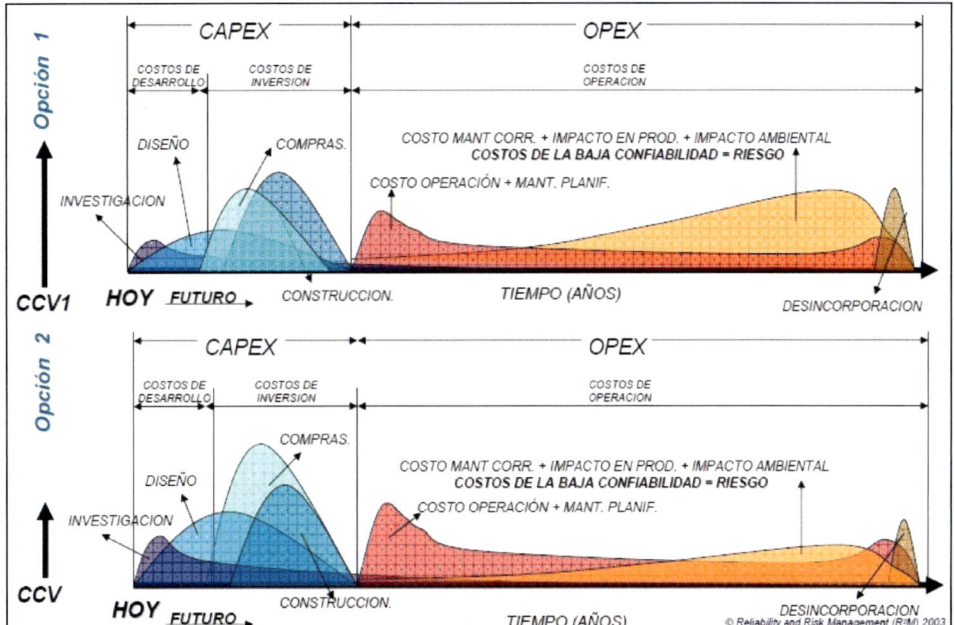

Figura 2.3. Perfil de Egresos Durante el Ciclo de Vida de un Proyecto (Copyright R2M)

Descripción del Análisis Económico del Ciclo de Vida (AECV)

El Análisis Económico del Ciclo de Vida (AECV) es una metodología que se basa en estimar o pronosticar todos los posibles "flujos de caja" que pudieran ocurrir durante toda su vida útil de una opción de inversión o proyecto; incluyendo todas las fases de la vida útil; desde el diseño, procura, construcción, operación, mantenimiento hasta su desincorporación y en la conversión de estos flujos de caja proyectados o futuros, a un valor económicamente comparable considerando el valor del dinero en el tiempo; tal como el valor presente neto (VPN)

A diferencia del análisis del costo del ciclo de vida (ACCV); el AECV considera los ingresos y no solo los costos. El AECV es apropiado para comparar entre opciones de inversión o proyectos; que pueden tener costos diferentes; pero que también pueden generar diferentes niveles de ingresos.

Tradicionalmente; el AECV se ha hecho de manera determinística; pero recientemente se han desarrollado enfoques mejorados que permiten realizar una evaluación económica probabilística del ciclo de vida [3]. La figura 2.4 muestra el Modelo General Determinístico del Análisis Económico del Ciclo de Vida.

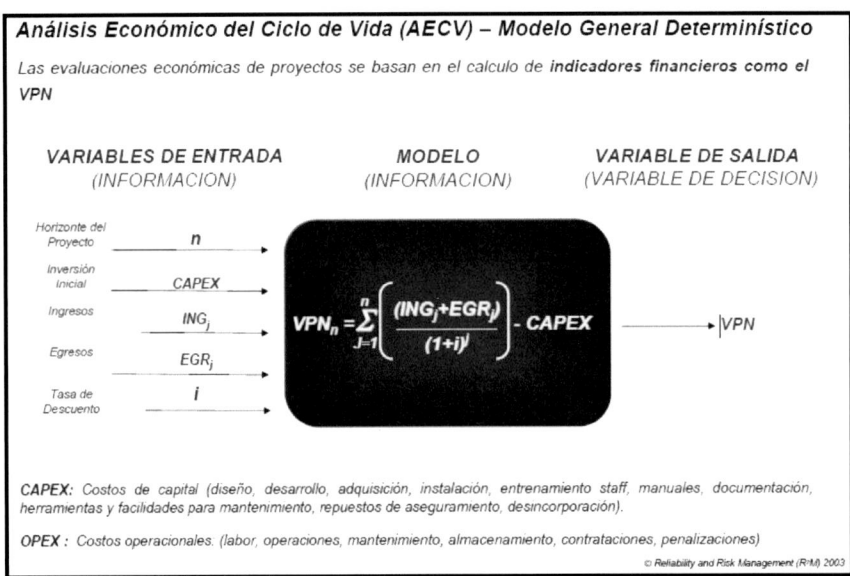

Figura 2.4. Modelo General Determinístico del Análisis Económico del Ciclo de Vida
(Copyrigth R2M)

Análisis Económico del Ciclo de Vida (AECV) – Modelo General Probabilístico

El modelo probabilístico de Análisis Económico del Ciclo de Vida permite:

- Modelar, vincular y ponderar la influencia de la incertidumbre asociada a las variables técnicas y operacionales con parámetros económicos como VPN y TIR

- Identificar y reconocer las fuentes primordiales de riesgo e incertidumbre en un proyecto o inversión, establecer un plan de compra selectiva de certidumbre y determinar las acciones necesarias para mitigar el riesgo.

- Identificar la combinación adecuada de proyectos para garantizar un óptimo nivel de riesgo y rentabilidad de la cartera de inversiones.

La figura 2.5 muestra el Modelo General Probabilístico del Análisis Económico del Ciclo de Vida.

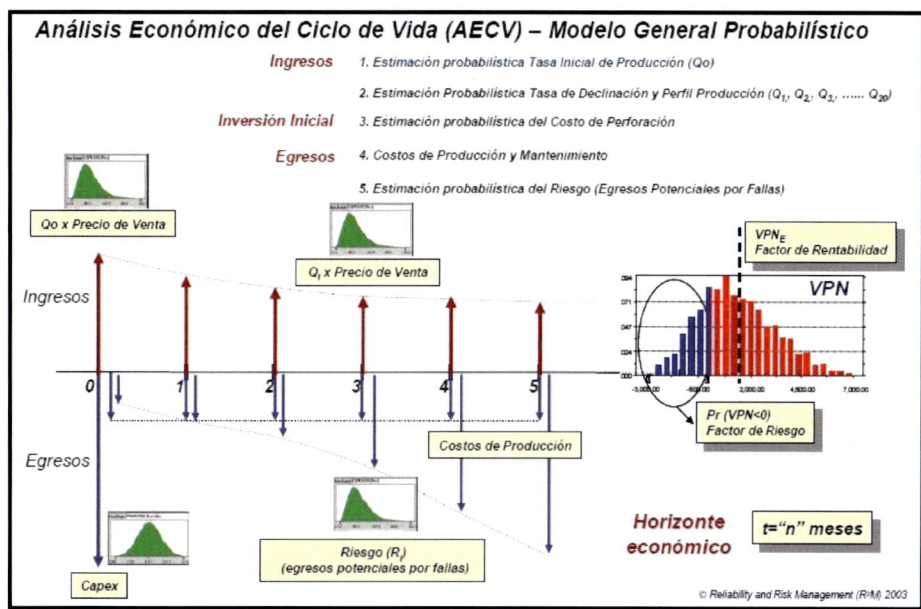

Figura 2.5. Modelo General Probabilístico del Análisis Económico del Ciclo de Vida

(Copyrigth R2M)

CAPITULO III
MARCO METODOLÓGICO

3.1 Modelo del Análisis Económico del Ciclo de Vida.

La metodología a emplear para evaluar técnico económicamente las opciones del proyecto en estudio tiene como base estructural el pronóstico del ciclo de vida económico para cada alternativa. Para ello, el modelo del Análisis Económico del Ciclo de Vida, mostrado en el Capítulo II, es el eje de la metodología.

El estudio se basa en estimar cada una de las variables asociadas al modelo, las cuales requieren para su cálculo el empleo de modelos matemáticos en cada caso.

3.1.1. Modelo matemático que lo define.

El AECV requiere del modelo "Valor Presente Neto" (VPN) para desarrollarlo. El modelo general de VPN es el mostrado en el Capítulo II en la figura 2.4, la cual se muestra de nuevo a continuación.

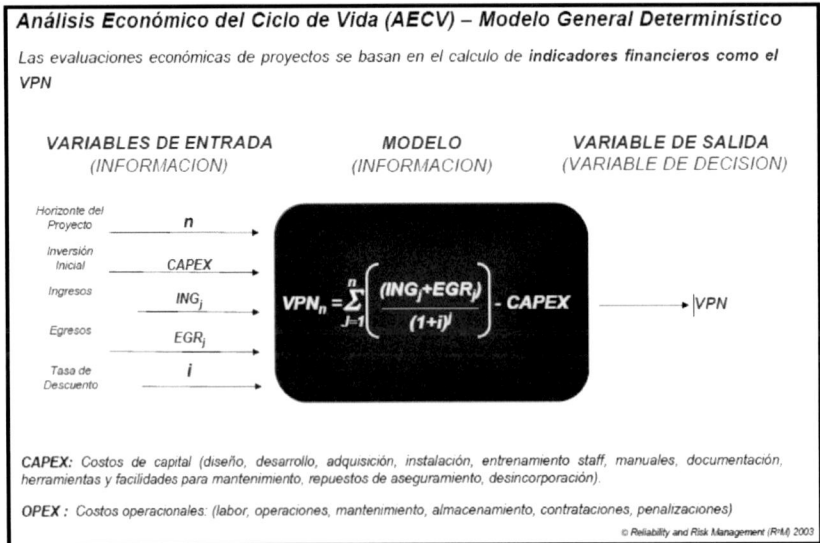

Figura 2.4. Modelo General Determinístico del Análisis Económico del Ciclo de Vida

(Copyrigth R2M)

Para el caso de estudio actual, con el contexto del negocio de una refinería, las variables del modelo VPN se estudian de la siguiente manera.

CAPEX: Son los costos capitales ("Capital Expenditures" en Inglés), es decir, el monto de Inversión Inicial para cada opción a evaluar.

n: Es el horizonte del proyecto a evaluar, en otras palabras, el tiempo estimado de vida operacional del proyecto. Para muchas empresas petroleras, debido a la elevada rentabilidad e inmediato retorno de los proyectos, se establecen tiempos cortos de horizonte económico, en nuestro caso es diez (10) años.

i: Es la tasa de descuento del proyecto en estudio. Es una variable económica que depende de factores de País y la empresa que ejecutará el proyecto, tales como, inflación anual de la nación, valores en libros contables de los activos de la empresa, depreciación de activos, desincorporación de activos y/o materiales. En nuestro caso, como en la mayoría de las empresas se establece un valor fijo de tasa de descuento para sus proyectos, obtenido de estudios económicos y financieros que realizan, tomando en cuenta las variables señaladas. Para este proyecto, entrevistas con el personal de la Gerencia de Finanzas permitieron obtener el valor de la tasa de descuento se emplea en el análisis.

ING: Se refiere a los ingresos esperados durante cada año del horizonte económico de un proyecto. En el caso en estudio, se calcula como "Ingreso Bruto Anual (antes de Regalías e ISLR)" es decir, el ingreso obtenido por producción anual, antes de pagos de Regalías e Impuesto Sobre la Renta (ISLR)

- Ingreso por Producción anual se estima mediante un modelo que se definirá adelante.

- Las Regalías representan el monto que se paga al estado venezolano por el derecho de explotación de los yacimientos, a manera de compensación por el agotamiento de los depósitos de hidrocarburos. Equivale al 33.33% de los ingresos brutos de crudo y gas, según lo establecido en la Ley Orgánica de Hidrocarburos.

- ISLR, representa el pago al estado venezolano por concepto de enriquecimiento neto como consecuencia de una actividad económica.

EGR: Es el pronóstico de los gastos y pagos representativos durante los "n" años de horizonte económico del proyecto. Para el caso en estudio, se consideran estos tres (3) egresos por ser los representativos para el tipo de proyecto:

1. Regalías sobre la ganancia 33,33%.

2. Riesgo=Pérdidas totales esperadas por año.

3. Egresos por ISLR

El egreso por "Riesgo" depende de los impactos en producción por indisponibilidades de plantas, así como gastos por mantenimiento correctivo producto de fallas de los equipos que conforman los sistemas a evaluar.

3.1.2. Premisa General.

Debido a que las variables a considerar en el estudio AECV pueden obtener un conjunto de valores, no determinísticos en la realidad, es necesario propagar la incertidumbre en cada una de ellas. Para hacerlo se empleará el método de propagación de incertidumbre Monte Carlo, permitiendo mejorar la certeza en los pronósticos a obtener en cada uno de los modelos.

La herramienta principal utilizada dentro de esta metodología es el software "Crystal Ball" que es un complemento (add-in) de Excel, desarrollado y comercializado por la empresa Decisionengineering. Ese software de fácil uso permite determinar las distribuciones probabilísticas de una serie de datos específicos o en su defecto asignar a una serie de datos un comportamiento conocido con base a la opinión de expertos. Igualmente facilita los procesos de simulación de Montecarlo

Opciones a Evaluar.

El estudio en proceso se enfoca en efectuar el Análisis Económico del Ciclo de Vida (AECV) para las siguientes opciones, con el fin de determinar la opción de mayor rentabilidad para el negocio. Estas opciones se ilustran en la figura 3.1, las cuales son: mantener el sistema de carga de la Unidad UD de Refinería Mayor con la configuración actual, reemplazar el elemento motriz de la bomba principal de turbina a motor eléctrico y reemplazar ambos elementos motrices de turbina vapor a motores eléctricos.

3.2 Modelo del Análisis del Costo del Ciclo de Vida.

Con el objetivo de evaluar las opciones de configuración del sistema de carga de la Unidad UD de Refinería Mayor, considerando la evaluación previa por AECV, se desarrolla un Análisis del Costo de Ciclo de Vida.

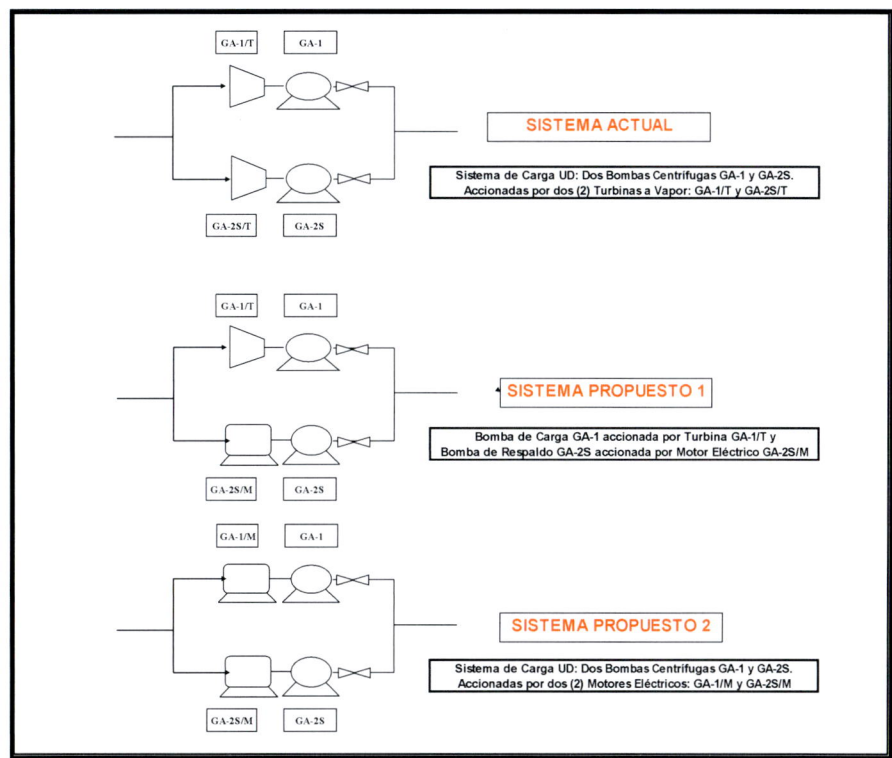

Figura 3.1 Esquema de las Tres (3) Opciones a Evaluar

3.2.1 Modelo matemático que lo define.

La metodología a emplear para el caso en estudio es obtener los **egresos por riesgo** durante el horizonte económico para cada año, para estimar directamente el CCV como un Valor Presente de cada uno de esos egresos anuales, empleando la tasa de descuento "i" para descontarlos en el tiempo, es decir, traer los valores futuros a valores presentes y poder totalizarlos como un CCV.

3.2.2 Premisa General.

Considerando que para cada opción a evaluar los ingresos por producción se pronostican iguales, con el ACCV es factible tomar la decisión final, sin embargo, se efectúan ambos análisis (tanto el AECV y el ACCV) para demostrar la teoría que dice así:

"...El ACCV es una metodología para la selección de opciones que permite la comparación de alternativas de inversión que tienen costos asociados diferentes; pero que "pueden cumplir los mismos objetivos y/o producir el mismo nivel de ingresos..." Tomado de: Manual de Confiabilidad Operacional I, Especialización Confiabilidad de Sistemas Industriales, Universidad Simón Bolívar.

3.3. Modelo de Análisis de Riesgo.

Con el objetivo de pronosticas los egresos probables en cada opción a evaluar, se emplea la metodología Análisis de Riesgo, definida en el Capítulo II. Para el caso en estudio el modelo matemático contiene los factores y premisas descritos a continuación.

3.3.1 Modelo Matemático

El estudio actual requiere la cuantificación del riesgo como escenario de egresos probables. En este caso el riesgo se calcula como elemento global de egresos debido a la baja confiabilidad e indisponibilidad. Es decir, se emplea el modelo general definido en la ecuación nro. 10.

$$R = \text{Egresos debido a las Pérdidas de Producción} + \text{Costo de Reparación Total Esperado} \quad (10)$$

Donde, las ecuaciones nro. 11 y 12 definen los egresos:

$$\text{Egresos debido a las Pérdidas de Producción} = (1-D)*\text{Ingresos Anuales} \quad (11)$$

$$\text{Costo de Reparación Total Esperado} = (NF)*(\text{Costos de Falla}) \quad (12)$$

Donde:

D: Disponibilidad esperada en el año.

NF: Número esperado de fallas en el año.

Finalmente, para el cálculo de riesgo en el caso actual de estudio, se emplea el modelo matemático definido en la ecuación nro. 13

$$R = (1-D)*\text{Ingresos Anuales} + (NF)*(\text{Costos de Falla}) \quad (13)$$

La primera ecuación representa el modelo para estimación del riesgo, y la segunda representa el mismo modelo de riesgo con las variables involucradas, es decir, la metodología para el caso en estudio.

Donde:

R: Riesgo total estimado como egreso para cada año en $/año

D: Disponibilidad esperada para cada año para el sistema en estudio de 0 a 1. Proviene del análisis de confiabilidad, disponibilidad y mantenibilidad (RAM) por sus siglas en inglés.

Ingresos Anuales: Ingresos anuales estimados por producción estimada en $/año. Proviene del modelo de producción e ingresos, con propagación de incertidumbre.

NF: Número Esperado de Fallas para cada año. Proviene del análisis RAM, con propagación de incertidumbre.

Costo de Falla: Costo Estimado Anual de Reparación para Cada Equipo en $/año. Con propagación de incertidumbre.

Pérdidas Económicas debido a las Pérdidas de Producción (PEPP).

La metodología a emplear, define el PEPP como la fracción del Riesgo que representa los egresos por pérdida de producción al año.

$$PEPP = (1-D)*Ingreso\ Anual \qquad (14)$$

Donde:

D e Ingreso Anual se define en apartado previo 3.3.1

Costo de Reparación Total Esperado.

Uno de los egresos que se pronostica para cada opción de configuración es el Costo de Reparación Total Esperado (CRTE) para cada año del horizonte económico del ciclo de vida del activo o sistema.

El CRTE es la suma de los Costos de Reparación Esperado de cada equipo (CRE) el cual se calcula como el Número de Fallas Esperadas (NEF) por cada equipo para cada año por el Costo de Reparación de una Falla (CRF), para cada equipo.

El CRF para cada equipo en estudio se obtiene mediante entrevistas estructuradas al personal de la Superintendencia de Planificación de Mantenimiento, empleando el método "Opinión de Expertos" (Capítulo II). La tabla 3.1 resume los valores CRF por equipo

Tabla 3.1 Valores para Distribución del CRF Caso en Estudio

Equipo	Costo de Reparación de una Falla			
	Mínimo	Más Probable	Máximo	
Bomba GA-1	$8.000,00	$20.000,00	$36.000,00	$20.666,67
Bomba GA-2S	$8.000,00	$20.000,00	$36.000,00	$20.666,67
Turbina GA-1	$12.000,00	$24.000,00	$48.000,00	$26.000,00
Turbina GA-2S	$12.000,00	$24.000,00	$48.000,00	$26.000,00
Motor Eléctrico	$6.000,00	$12.000,00	$60.000,00	$19.000,00

El CRF es un pronóstico basado en la distribución "Beta Pert" definida así por el origen de los costos de reparación, la cual proviene de la consulta a "Opinión de Expertos", es decir, entrevistas no estructuradas al personal de mayor experiencia en el mantenimiento de estas bombas centrífugas, turbinas y motores eléctricos similares al que se estima instalar. La razón de efectuar esta consulta a los expertos es debido a la baja calidad del dato existente en el sistema de gestión de mantenimiento.

Número Esperado de Fallas (NEF)

Es una distribución "Beta Pert" que emplea valores provenientes del Análisis RAM llamado así por las siglas en inglés de la frase Confiabilidad, Disponibilidad y Mantenibilidad (Reliability Availability and Maintenability). Se emplea la distribución "Beta Pert" debido a los resultados obtenido del Análisis RAM, el cual se efectúa con la herramienta "Raptor 6", "sofware" que muestra los resultados como máximo, mínimo y promedio, los cuales corresponden a los percentiles 90, 10 y 50 respectivamente de las distribuciones resultantes para cada variable estimada, en este caso la variable Número Esperado de Falla por cada equipo.

En este sentido, el **Costo de Reparación Esperado de cada equipo (CRE) es una distribución que** resulta del producto de las distribuciones Costo de Reparación de una Falla (CRF) y Número Esperado de Fallas (NEF) para cada equipo.

Finalmente el **Costo de Reparación Total Esperado (CRTE)** de cada opción, para cada año del horizonte económico de su ciclo de vida es una distribución que resulta de la suma de las distribuciones **Costo de Reparación Esperado de cada equipo (CRE).**

Es decir, para el caso de la "Situación Actual" el Costo de Reparación Total Esperado es el mostrado en la ecuación nro. 15.

$$\text{CRTE(Actual)} = \text{CRE(GA-1)} + \text{CRE(GA-1T)} + \text{CRE(GA-2S)} + \text{CRE(GA-2ST)} \quad (15)$$

Así para el caso "Propuesto 1" el Costo de Reparación Total Esperado (CTRE) es el definido por la ecuación nro. 16.

$$\text{CRTE(Prop1)} = \text{CRE(GA-1)} + \text{CRE(GA-1T)} + \text{CRE(GA-2S)} + \text{CRE(GA-2SM)} \quad (16)$$

Finalmente, para el caso "Propuesto 2" el Costo de Reparación Total Esperado (CTRE) está modelado por la ecuación nro. 17.

$$CRTE(Prop2) = CRE(GA\text{-}1) + CRE(GA\text{-}1M) + CRE(GA\text{-}2S) + CRE(GA\text{-}2SM) \qquad (17)$$

3.4 Análisis RAM.

El análisis RAM es denominado de esta manera por sus siglas en inglés, "Reliability, Availability and Maintainability" es decir, Confiabilidad, Disponibilidad y Mantenibilidad (CDM).

Dentro de los beneficios de realizar el análisis CDM están los siguientes:

- Identificar las funciones de disponibilidad esperada para un sistema productivo, para cada año del ciclo de vida a evaluar.

- Conocer la distribución del número esperado de fallas para el sistema en estudio, así como el número esperado de fallas por cada equipo o elemento que conforma el sistema, para cada año del ciclo de vida a evaluar.

- Pronosticar el tiempo promedio para reparar del sistema para cada año de evaluación.

- Cuando se combina con el pronóstico de los costos de reparación y las pérdidas de producción o diferimiento del proceso productivo, se obtiene un excelente modelo de egresos debido a la baja confiabilidad, es decir, egresos por eventos no deseados y por indisponibilidad de sistemas. Estos modelos de egresos son riesgos cuantificados que entran en los egresos del modelaje de costos de ciclos de vida de un activo; pilar fundamental de la gestión de activos.

La siguiente definición para análisis RAM o análisis CDM (por sus siglas en español) es tomada como cita textual del "Manual Análisis Funcional de Sistemas", R2M, Especialización en Confiabilidad de Sistemas Industriales, Universidad Simón Bolívar.

"El objetivo fundamental de un estudio RAM es pronosticar la producción perdida y la indisponibilidad de un proceso de producción, de acuerdo a su configuración, a la confiabilidad de sus componentes, a las políticas de mantenimiento, al recurso disponible y a la filosofía operacional.

El análisis se sustenta en un modelo de simulación que toma en cuenta:

• La confiabilidad de los equipos.

• La configuración del sistema.

• Las fallas aleatorias y sus reparaciones.

• La influencia del "error humano".

• Las pérdidas de capacidad por degradación.

• El tiempo fuera de servicio por mantenimiento planificado.

• Disponibilidad de recursos humanos y materiales.

• La probabilidad de ocurrencia de eventos especiales no deseados.

La base fundamental de este análisis es la "construcción" de los TPPF y TPPR para los diversos componentes, con base en información proveniente de de bases de datos propias, bancos de datos genéricos de la industria y opinión de expertos"

3.4.1 Diagramas de Bloque de Confiabilidad.

Se define como los elementos, equipos, sub-sistemas, procesos y recurso humano que interactuando de forma sistemática y bajo un proceso diseñado y definido generan un resultado o producto, los cuales se delimitan como un volumen

3.4.2 Cálculos de Confiabilidad, Disponibilidad y Mantenibilidad (RAM) Caso en Estudio

Los datos de falla y reparación de los equipos que conforman cada uno de los diagramas de bloque de las opciones a evaluar provienen de los siguientes orígenes de datos:

- Las bombas centrífugas GA-1 y GA-2S, así como la turbina GA-1T poseen un buen historial de datos de falla y reparación, provenientes del sistema de gestión de activos de la empresa, con más de 14 datos para cada caso, los cuales son suficientes para ser usados dentro del modelaje de la confiabilidad, disponibilidad y mantenibilidad del sistema.

- La turbina GA-2ST no posee data confiable cargada en el sistema de gestión de activos, por lo cual se decidió reunir a un panel de expertos en la operación, inspección y mantenimiento de este equipo y equipos similares en refinerías, con el objetivo de emplear la técnica "opinión de expertos" para pronosticar la confiabilidad, disponibilidad y mantenibilidad del sistema.

- El motor eléctrico a instalar para accionar las bombas centrífugas, según las opciones 2 y 3 son nuevos, por lo tanto no posee data de falla ni reparación propia. En este sentido se emplea el "Teorema de Bayes" para pronosticar la confiabilidad, disponibilidad y mantenibilidad del sistema. En este caso, se requirió "Datos según evidencia" la cual proviene de datos de falla de equipos similares instalados en la refinería en la cual se realiza la evaluación, del mismo modo se emplea "Data genérica" proveniente de la base de datos de confiabilidad denominada "OREDA 2006" ("Offshore Reliability Data") para un equipo denominado: "Motor Eléctrico Para Bomba Centrífuga de 85000 BPD"

Las tablas 3.2, 3.3, 3.4, 3.5, 3.6 y 3.7 contienen la data de falla para cada equipo de los tres (3) diagramas de bloque. Esta data es empleada para el estudio CDM o RAM por sus siglas en Inglés.

Tabla 3.2. Data de Falla y Reparación para la Bomba GA-1, Caso de Estudio.

Bomba Centrífuga 85000 BPD Tres Etapas GA-1			
Tiempos Entre Falla (días/horas)		Tiempos Para Reparar (horas)	Modo de Falla
85	2040	32	Rodamientos Bombas
125	3000	240	Fuga por Sellos
250	6000	38	Rodamientos Bombas
65	1560	24	Rodamientos Bombas
105	2520	120	Fuga por Sellos
48	1152	24	Rodamientos Bombas
67	1608	120	Daño en Acople
350	8400	20	Rodamientos Bombas
38	912	18	Rodamientos Bombas
225	5400	32	Rodamientos Bombas
65	1560	24	Rodamientos Bombas
235	5640	250	Fuga por Sellos
46	1104	36	Daño en Acople
150	3600	32	Rodamientos Bombas
185	4440	120	Fuga por Sellos
95	2280	32	Rodamientos Bombas
75	1800	32	Rodamientos Bombas
84	2016	36	
	2965,32113	54,28198506	

Tabla 3.3. Data de Falla y Reparación para la Turbina GA-1T, Caso de Estudio.

Turbina a Vapor GA-1T			
Tiempos Entre Falla (días/horas)		Tiempos Para Reparar (horas)	Modo de Falla
90	2160	8	Falla de Vapor
91	2184	48	Falla Gobernador Turbina
72	1728	8	Falla de Vapor
125	3000	48	Rodamientos Turbina
42	1008	96	Falla de Vapor
38	912	24	Falla Gobernador Turbina
45	1080	48	Rodamientos Turbina
24	576	8	Falla de Vapor
36	864	48	Falla de Vapor
39	936	8	Falla de Vapor
18	432	48	Falla de Vapor
35	840	24	Falla Gobernador Turbina
50	1200	48	Falla Gobernador Turbina
38	912	24	Falla Gobernador Turbina
45	1080	96	Rodamientos Turbina
24	576	36	Falla de Vapor
36	864	8	Falla de Vapor
	1181,76775	36,78952378	

Tabla 3.4. Data de Falla y Reparación para la Bomba GA-2S, Caso de Estudio.

Bomba Centrífuga 85000 BPD Tres Etapas GA-2S			
Tiempos Entre Falla		Tiempos Para Reparar (horas)	Modo de Falla
150	3600	32	Rodamientos Bombas
128	3072	240	Fuga por Sellos
45	1080	24	Rodamientos Bombas
125	3000	24	Rodamientos Bombas
68	1632	120	Fuga por Sellos
275	6600	36	Daño en Acople
65	1560	32	Rodamientos Bombas
237	5688	8	Fuga por Sellos
68	1632	8	Rodamientos Bombas
153	3672	24	Rodamientos Bombas
123	2952	24	Rodamientos Bombas
222	5328	36	Rodamientos Bombas
89	2136	48	Rodamientos Bombas
97	2328	124	Fuga por Sellos
135	3240	24	Rodamientos Bombas
157	3768	240	Fuga por Sellos
	3047,395727	56,01562308	

Tabla 3.5. Data de Falla y Reparación para la Turbina GA-2ST Por "Opinión de Expertos" Caso de Estudio.

Turbina a Vapor GA-2ST			
Tiempos Entre Falla		Tiempos Para Reparar (horas)	
Mínimo	450	Mínimo	8
Más Probable	1200	Más Probable	48
Máximo	3500	Máximo	240
	1458,33333		73,3333333

Para el caso de los datos de reparación del nuevo motor eléctrico se emplea "Data Genérica" desde OREDA 2002 y Data Según Evidencia para Calcular la "Tasa de Falla Mejorada" mediante la aplicación del "Teorema de Bayes".

Tabla 3.6. Data de Falla para el "Nuevo" Motor Eléctrico, Tratamiento Mediante Teorema de Bayes. Caso de Estudio.

Motor Eléctrico Para Bomba Centrífuga de 85000 BPD							
DATA DE FALLA							
Datos Genéricos Según OREDA							
					Datos Según Evidencia		
Modos de Falla Críticos (Según AMEF)	Media de Tasa de	Desv Estand de Tasa	Cuadrados De Desv				
Interrupción Eléctrica	1,31E-05	1,76E-05	3,10E-10		TEF (Días)	TEF (Hrs)	
Falla en Arranque	1,31E-05	1,76E-05	3,10E-10	1	95	2280	
Alto Ruido	4,21E-06	3,95E-06	1,56E-11	2	115	2760	
Desviación de Parámetros	4,21E-06	3,95E-06	1,56E-11	3	85	2040	
Parada por Falsa Señal	1,84E-05	3,44E-05	1,18E-09	4	91	2184	
Vibración	8,94E-06	1,08E-05	1,16E-10	5	110	2640	
Total Lambda	**6,19E-05**		**4,42E-05**		496	**11904**	
Numerador de Lambda		6,97E+00					
Denominador de Lambda		4,37E+04					
Lambda (Tasa de Falla)		**1,60E-04**	falla/horas				
TPEF (1/tasafalla) Dist.		6267,33	horas				
Exponencial (Asumida)		261,1387552	dias	Exponencial Tasa		1,60E-04	

Tabla 3.7. Data de Reparación para el "Nuevo" Motor Eléctrico, Tratamiento Mediante Opinión de Expertos. Caso de Estudio.

Motor Eléctrico Para Bomba Centrífuga de 85000 BPD		
	DATA DE REPARACIÓN	
	OPINIÓN DE EXPERTOS	
	Tiempos Para Reparar (hrs)	
	Mínimo	8
	Más Probable	48
	Máximo	144
	57,33333333	

Para el desarrollo del análisis RAM o CDM (por sus siglas en español) se empleó el software "Raptor 6", el cual es recomendado para análisis RAM de sistemas de baja complejidad en su Diagrama de Bloques. Es importante resaltar que el diagrama de bloques para las tres (3) opciones a evaluar es de un sistema en paralelo, el cual obedece a la siguiente teoría para el cálculo de Confiabilidad y Frecuencia de Fallas, ver figura 3.2.

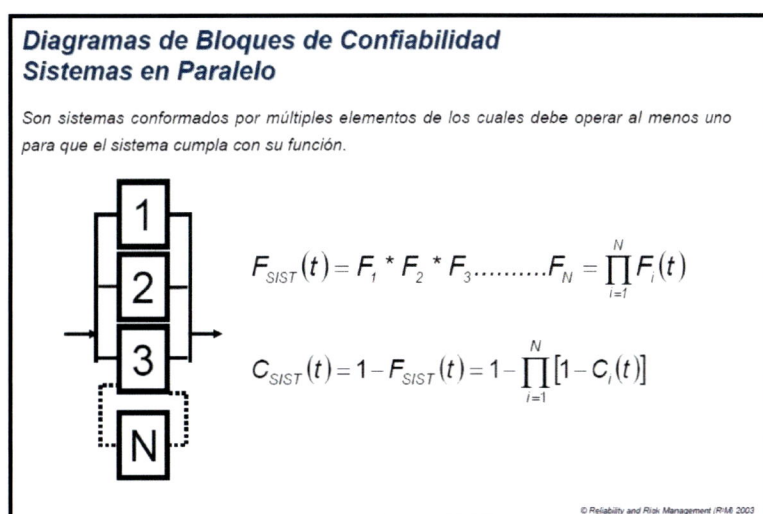

Figura 3.2. Confiabilidad en Diagramas de Bloques Sistema en Paralelo (Copyrigth R2M) Caso en Estudio, Empleando Raptor 7.

3.5 Modelo del Ingreso por Producción.

Una de las variables de mayor importancia en el Análisis Económico del Ciclo de Vida es el ingreso que se espera obtener cada año del horizonte económico, es la razón de ser del proyecto o activo en análisis.

El ingreso que se espera recibir, es un pronóstico de las entradas económicas del proceso productivo del cual depende el activo en estudio. Este pronóstico depende de diversos factores que afectan los ingresos de procesos productivos industriales, tales como variaciones en el mercado nacional e internacional, oferta y demanda del producto, economía mundial, economía nacional, entre otros.

Para el caso en estudio, se toma en cuenta los probables valores de unidades producidad por el margen de ganancia de cada unidad de producción. Para propagar la incertidumbre del modelo de Ingresos y mejorar la certeza del pronóstico de esta variable se puede emplear data histórica de unidades producidas al año y de márgenes económicos de ganancia. Sin embargo para el caso en estudio no se cuenta con sufiente información histórica, por lo tanto se tomará la opción de la metodología "Opinión de Expertos".

Para la "Opinión de Expertos" se realizaron dos (2) entrevistas nos estructuradas, la primera al personal experto en el área de operaciones, con veinte (20) años de experiencia en esta disciplina, quienes expresaron los valores máximo, mínimo y más probables de barriles por día que pueden producir las unidades que dependen del sistema de carga de crudo a la UD-1 en los próximos diez (10) años.

La segunda entrevista fue al personal del Departamento Programación y Economía del Proceso Productivo, quienes expresaron los valores máximo, mínimo y más probables que pueden obtener como márgenes de ganancias estas unidades de procesos en los próximos (10) años.

A continuación, en la tabla nro. 3.8, se presentan los valores mínimo, más probable y máximo de la producción asociada a las Unidades Destiladora Atmosférica Nro.1 (DA-1) Conversión Media, Reformación Catalítica e Hidrotatamiento. Estas plantas se ven afectadas al detenerse la función del sistema de bombeo de carga de crudo en estudio. Del mismo modo se presentan los valores mínimos, más probables y máximos de los márgenes bruto de ganacia para cada unidad.

Tabla 3.8. Resumen de Data de Producción y Margen Bruto por cada Unidad o Planta, Tratamiento por "Opinión de Expertos"

Proceso	UD-1		CONVERSIÓN MEDIA		REF. NHT		DHT	
Medida	BD	$/B	BD	$/B	BD	$/B	BD	$/B
Mínimo	78.500,00	3,20	17.000,00	2,00	24.000,00	4,00	27.000,00	5,00
Más Probable	79.000,00	5,00	18.250,00	6,00	30.000,00	7,00	34.000,00	8,00
Máximo	79.500,00	12,00	18.500,00	12,00	34.000,00	16,00	40.000,00	18,00
Distribución	79.000,00	5,87	18.083,33	6,33	29.666,67	8,00	33.833,33	9,17

De los datos anteriores se derivan ocho (8) distribuciones "Beta Pert" por la naturaleza de la data la cual procede de "Opinión de Expertos". Estas son: Producción Diaria UD-1,

Producción Diaria Conversión, Producción Diaria Reformación-NHT y Producción Diaria DHT, todas estas en barriles por día (BD) y las otras Margen de UD-1, Margen de Conversión, Margen REF-NHT y Margen DHT en dólares por cada barril (US$/B).

Las distribuciones "Beta Pert" se obtienen finalmente ejecutando el software "Crystal Ball" con la data origen proveniente de "Opinión de Expertos".

Finalmente se muestra el modelo matemático para calcular el ingreso diario, ver ecuación 15 y el ingreso anual, ver ecuación 16, el cual se emplea como ingreso anual en el modelo de VPN.

Ingreso Diario (US$/D) = Producción DiariaUDXMargenUD + Producción Diaria ConversiónXMargen de Conversión + Producción Diaria Reformación-NHTXMargen REF-NHT + Producción Diaria DHTXMargen DHT. *(15)*

Ingreso Anual (US$/Año) = Ingreso Diario (US$/Día)X365 Días/Año. *(16)*

Donde:

Ingreso Diario: representa el valor de entrada económica por venta de producto diaria en US$ por día.

Producción Diaria UD: son los barriles por día producidos por la unidad UD.

Margen UD: es la ganancia por cada barril producido en la unidad UD en US$.

Producción Diaria Conversión: son los barriles por día producidos por la unidad Conversión.

Margen Conversión: es la ganancia por cada barril producido en la unidad Conversión en US$.

Producción Diaria Ref-NHT: son los barriles por día producidos por la unidad Reformación y NHT.

Margen Ref-NHT: es la ganancia por cada barril producido en la unidad Reformación y NHT en US$.

Producción Diaria DHT: son los barriles por día producidos por la unidad DHT.

Margen DHT: es la ganancia por cada barril producido en la unidad DHT en US$.

Con el modelo de Ingreso Anual en US$/Año se efectúa el pronóstico de los probables valores de ingreso al año que se espera obtener al final de cada año.

CAPITULO IV
DESARROLLO, RESULTADOS Y ANÁLISIS

En el capítulo anterior se presentaron los sub-modelos que integran el modelo general probabilístico del análisis económico del ciclo de vida y del análisis del costo de ciclo de vida de las tres (3) opciones de configuración posibles para el "Sistema de Carga de Crudo a la Unidad UD-1 de Refinería Mayor", con el fin de maximizar el retorno económico del servicio. El modelo general, como se mencionó previamente, considera la caracterización de las variables técnicas y económicas dentro de un marco de incertidumbre, generando salidas o resultados probabilísticos.

4.1. Análisis de Resultados.

Todos los equipos instalados en el sistema actual y los sistemas propuestos poseen probables ocurrencia de fallas, las cuales tienen asociadas costos de reparación. Del mismo modo, las indisponibilidades totales de los sistemas a evaluar tienen asociados impactos económicos por paralización del proceso productivo de las unidades de la refinería que se ven afectadas. La combinación de los factores probabilidad de falla por consecuencia económica asociada genera como producto el riesgo, el cual puede ser expresado en términos financieros como un egreso.

La producción asociada a la unidad UD-1 se pronostica para los próximos diez (10) años, lo cual genera los probables ingresos durante el ciclo de vida de los sistemas a evaluar. En este sentido, con los probables ingresos y egresos anuales para cada opción de configuración se obtienen las distribuciones de probables valores para el indicador económico Valor Presente Neto (VPN), de la cual se obtendrán la media de la distribución, conocida como Factor de Rentabilidad Fr y se obtendrá la probabilidad de obtener valores negativos de VPN en la distribución, lo cual se conoce como Factor de Riesgo FR.

Igualmente, en este capítulo se analizan los resultados del indicador Costo Anual Equivalente (CAE) el cual se obtiene del Análisis de Costo del Ciclo de Vida, donde los probables valores de la distribución del CAE muestra la media de la misma, con lo cual se confirmará el resultado obtenido con la distribución del indicador VPN. Del mismo modo, se comprueba con este estudio la teoría que el Análisis del Costo del Ciclo de Vida es el estudio que debe efectuarse para evaluar opciones con ingresos similares durante su ciclo de vida, para evaluar rentabilidad entre ellas.

Los resultados de las distribuciones de probables valores para los indicadores económicos VPN y CAE servirán para concluir y recomendar cual de las tres (3) opciones evaluadas resulta más rentable durante su ciclo de vida.

4.2. Análisis del Ingreso Anual.

Para conocer la distribución que predice los probables valores del Ingreso Anual en US$, se requiere construir un modelo conformado por los ingresos de cada una de las plantas o unidades de la refinería que se ven afectadas por la función del sistema en estudio, tal y como se explicó en el Capítulo III.

La figura 4.1 ilustra la distribución del Ingreso Anual en US$, de la cual podemos extraer que existe un 80% de probabilidad que el ingreso anual del sistema en estudio estará entre US$ 335.578.237,29 y US$ 487.843.993,32 con un valor más probable de US$ 411.098.951,73.

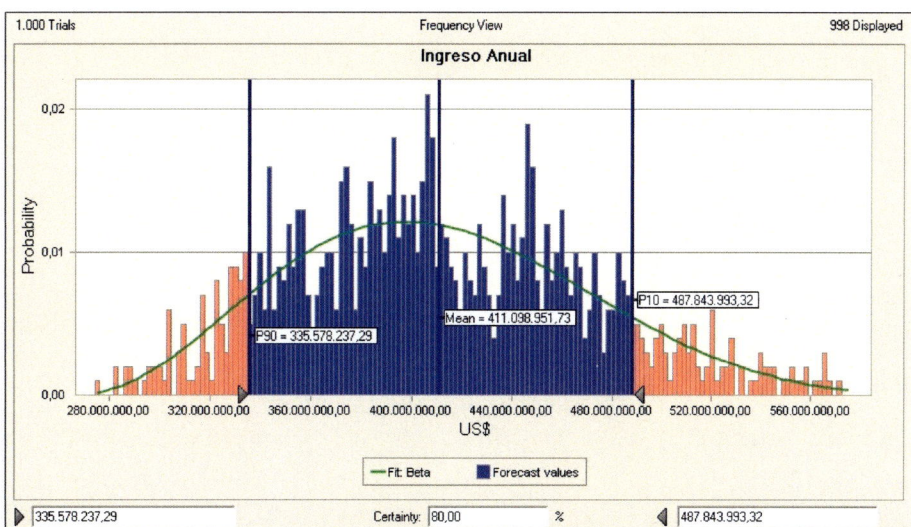

Figura 4.1. Pronóstico del Ingreso Esperado Mediante el Modelo Definido y Uso del Método "Montecarlo"

Un análisis de sensibilidad permite determinar como la dispersión de las variables de entrada al modelo afectan la dispersión de la variable de salida Ingreso Anual del sistema en estudio. Para el caso estudio, se observa en la figura 4.2, que la incertidumbre de la variable Margen Bruto DA-1 ($), afecta de manera importante la dispersión de la salida Ingreso Anual.

Este resultado permite orientar la mejora de la calidad del dato del Margen Bruto DA-1 ($) y Margen Bruto DHT ($), variables que influyen en 48.2% y 19.8 % respectivamente en el calculo del Ingreso Anual, mediante el uso de modelos confiables para el pronóstico de la programación de la economía de los proceso e incrementar la cantidad de datos reales estadísticos sobre margen de ganancia de las unidades de producción, esta data permitiría mejorar la certeza asociada a la estimación del ingreso anual, lo cual permite soportar el proceso de toma de decisión a lo largo de la vida útil de activo.

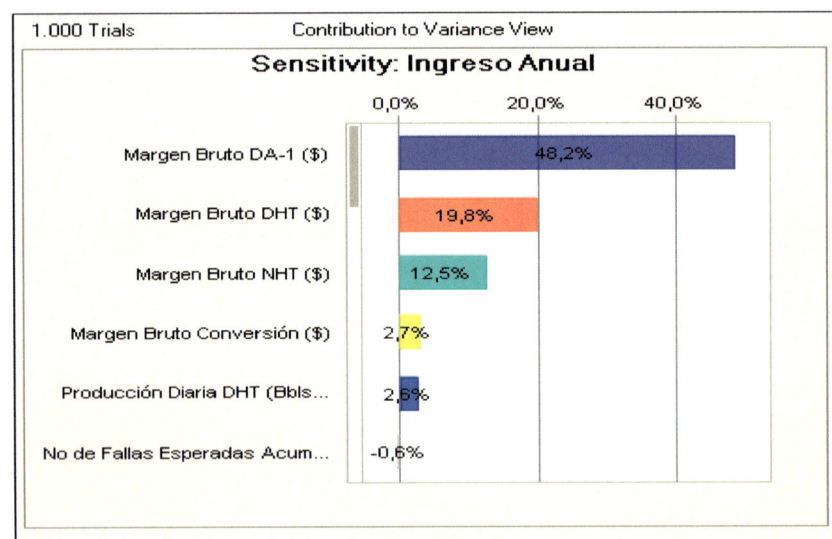

Figura 4.2 Análisis de Sensibilidad Distribución de "Ingreso Anual"

4.3. Análisis del Costo de Reparación Total Esperado.

El modelo para estimar el Costo de Reparación Total Esperado (CTRE) en US$ incluye las variables de costos de reparación de cada equipo que conforma el sistema en estudio, así como el número esperado de fallas de cada equipo, tal y como se explicó en el capítulo 3.

La figura muestra el caso particular la distribución del CTRE para el año 1 del Sistema Actual en US$, de la cual se resume que existe un 80% de probabilidad que ese costo total esté entre los valores US$ 280.916,55 y US$ 509.300,49 con un valor más probable de US$ 394.186,76.

En la figura 4.3 se ilustra un análisis de sensibilidad para la distribución Costo de Reparación Total Esperado (CTRE) en US$, de la cual se infiere que la incertidumbre asociada a la variables No de Fallas GA-1T Actual Año1 y Costo de Rep GA-1T (US$) afectan en 31,4 % y 22,9 % respectivamente el resultado de la distribución CTRE en US$, lo cual motiva a desarrollar pronósticos de análisis RAM con data suficiente y confiable para modelar la incertidumbre de Tiempo Entre Fallas de la turbina asociada a la bomba GA-1, del mismo modo es necesario validar con opinión de expertos la calidad de la data de falla histórica. Igualmente es necesario que la data de costos de reparación para la turbina GA-1T sea confiable, para ello el sistema de gestión de mantenimiento debe ser utilizado con gestión de calidad del dato, garantizando el cierre confiable y efectivo de las órdenes de mantenimiento. Todo esto es necesario para minimizar la incertidumbre asociada al pronóstico de los costos de reparación, el cual afecta los egresos totales. Siendo este último un elemento imprescindible para obtener los indicadores económicos y apoyar el proceso de toma de decisiones basado en Costo del Ciclo de Vida.

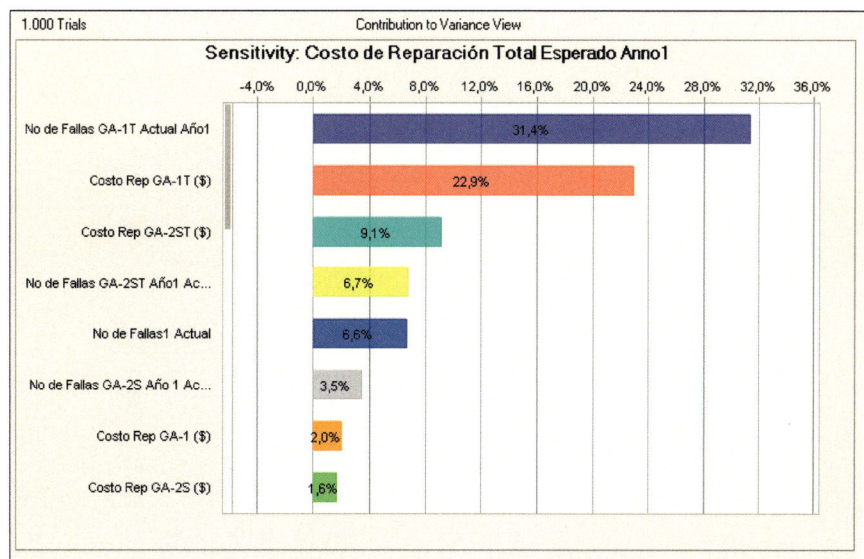

Figura 4.3 Análisis de Sensibilidad del "Costo de Reparación Total Esperado al Año 1"

En las siguientes tablas 4.1, 4.2 y 4.3 se resume el resultado del valor esperado para las distribuciones del Costo de Reparación Total Esperado de las opciones "Situación Actual", "Configuración Propuesta 1" y "Configuración Propuesta 2" respectivamente. Del mismo modo, se puede apreciar el resultado de las distribuciones Nro Esperado de Fallas y Costo

Esperado de Reparación para cada equipo de cada una de las opciones de configuración, estimado según se explican en el capítulo 3

Tabla 4.1. Resumen de Costo de Reparación Total Esperado de las opciones "Situación Actual"

SITUACIÓN ACTUAL		GA-1		GA-1T		GA-2S		GA-2ST		Sistema Actual (2 Turbinas)
Año	Hrs	No de Fallas Esperadas	Costo de Reparación Esperado	No de Fallas Esperadas	Costo de Reparación Esperado	No de Fallas Esperadas	Costo de Reparación Esperado	No de Fallas Esperadas	Costo de Reparación Esperado	Costo de Reparación Total Esperado
1	8760	2,73333333	$56.488,89	6,7	$174.200,00	2,36666667	$48.911,11	4,47333333	$116.306,67	$395.906,67
2	17520	3,04	$62.826,67	7,25333333	$188.586,67	2,59333333	$53.595,56	4,88	$126.880,00	$431.888,89
3	26280	3,02666667	$62.551,11	6,97333333	$181.306,67	2,78666667	$57.591,11	5,04666667	$131.213,33	$432.662,22
4	35040	2,88933333	$59.712,89	6,90666667	$179.573,33	2,59666667	$53.664,44	4,72666667	$122.893,33	$415.844,00
5	43800	3,04666667	$62.964,44	7,29933333	$189.782,67	2,62733333	$54.298,22	5,06866667	$131.785,33	$438.830,67
6	52560	3,03533333	$62.730,22	6,986	$181.636,00	2,75666667	$56.971,11	5,06	$131.560,00	$432.897,33
7	61320	2,84266667	$58.748,44	7,25533333	$188.638,67	2,76933333	$57.232,89	5,04733333	$131.230,67	$435.850,67
8	70080	3,034	$62.702,67	6,92	$179.920,00	2,78866667	$57.632,44	4,89333333	$127.226,67	$427.481,78
9	78840	2,83933333	$58.679,56	6,922	$179.972,00	2,58933333	$53.512,89	4,748	$123.448,00	$415.612,44
10	87600	2,91466667	$60.236,44	7,454	$193.804,00	2,59133333	$53.554,22	4,888	$127.088,00	$434.682,67

Tabla 4.2. Resumen de Costo de Reparación Total Esperado de las opciones "Caso 2"

PROPUESTO 1		GA-1		GA-1T		GA-2S		GA-2SM		Sistema 1 (1 Turbina 1 Motor E)
Año	Hrs	No de Fallas Esperadas Acumuladas	Costo de Reparación Esperado Acumulado	No de Fallas Esperadas Acumuladas	Costo de Reparación Esperado Acumulado	No de Fallas Esperadas Acumuladas	Costo de Reparación Esperado Acumulado	No de Fallas Esperadas Acumuladas	Costo de Reparación Esperado Acumulado	Costo de Reparación Total Esperado Acumulado
1	8760	2,87533333	$59.423,56	6,68266667	$173.749,33	2,354	$48.649,33	1,92266667	$36.530,67	$318.352,89
2	17520	2,9	$59.933,33	7,27933333	$189.262,67	2,57866667	$53.292,44	2,088	$39.672,00	$342.160,44
3	26280	2,85866667	$59.079,11	7,27666667	$189.193,33	2,61133333	$53.967,56	2,13266667	$40.520,67	$342.760,67
4	35040	2,854	$58.982,67	7,07866667	$184.045,33	2,778	$57.412,00	2,07733333	$39.469,33	$339.909,33
5	43800	2,84	$58.693,33	7,04266667	$183.109,33	2,61	$53.940,00	2,20266667	$41.850,67	$337.593,33
6	52560	2,85333333	$58.968,89	7,082	$184.132,00	2,61066667	$53.953,78	2,1	$39.900,00	$336.954,67
7	61320	2,84	$58.693,33	7,10733333	$184.790,67	2,63133333	$54.380,89	1,86533333	$35.441,33	$333.306,22
8	70080	3,004	$62.082,67	7,28533333	$189.418,67	2,77333333	$57.315,56	1,918	$36.442,00	$345.258,89
9	78840	2,86466667	$59.203,11	7,07666667	$183.993,33	2,77	$57.246,67	1,938	$36.822,00	$337.265,11
10	87600	3,034	$62.702,67	7,08533333	$184.218,67	2,57666667	$53.251,11	2,26466667	$43.028,67	$343.201,11

Es importante resaltar que los valores esperados de CRTE disminuyen en el caso de la configuración mostrada en el tercer caso u "Opción Propuesto 2", con dos (2) motores eléctricos como elementos motrices de las bombas de carga de crudo.

En el caso nro 1, el CRTE está alrededor de US$ 434.000,00 para el año 10, sin embargo para el mismo año el caso nro. 2 ofrece un estimado de US$ 343.201,11 de CRTE; pero el caso nro.3 espera un CRTE en el año 10 alrededor de US$ 185.345,11.

En este sentido, la opción 3, ofrece un ahorro en costos de mantenimiento respecto a las opciones nro. 1 y 2. Sin embargo se debe evaluar a continuación el resto de las variables para completar el egreso esperado total para cada opción.

Tabla 4.3. Resumen de Costo de Reparación Total Esperado de las opciones "Caso 3"

PROPUESTO 2		GA-1		GA-1M		GA-2S		GA-2SM		Sistema 2 (2 Motores Eléctricos)
Año	Hrs	No de Fallas Esperadas Acumuladas	Costo de Reparación Esperado Acumulado	No de Fallas Esperadas Acumuladas	Costo de Reparación Esperado Acumulado	No de Fallas Esperadas Acumuladas	Costo de Reparación Esperado Acumulado	No de Fallas Esperadas Acumuladas	Costo de Reparación Esperado Acumulado	Costo de Reparación Total Esperado Acumulado
1	8760	2,722	$56.254,67	2,088	$39.672,00	2,354	$48.649,33	2,13466667	$40.558,67	$185.134.67
2	17520	3,048	$62.992,00	2,304	$43.776,00	2,75066667	$56.847,11	2,08133333	$39.545,33	$203.160,44
3	26280	2,83333333	$58.555,56	1,8	$34.200,00	2,774	$57.329,33	2,28466667	$43.408,67	$193.493.56
4	35040	2,86333333	$59.175,56	2,09533333	$39.811,33	2,756	$56.957,33	1,948	$37.012,00	$192.956.22
5	43800	2,86933333	$59.299,56	1,96333333	$37.303,33	2,78866667	$57.632,44	1,85066667	$35.162,67	$189.398.00
6	52560	3,19133333	$65.954,22	2,238	$42.522,00	2,598	$53.692,00	1,946	$36.974,00	$199.142.22
7	61320	3,04933333	$63.019,56	2,30066667	$43.712,67	2,604	$53.816,00	2,1	$39.900,00	$200.448.22
8	70080	2,884	$59.602,67	2,24466667	$42.648,67	2,58933333	$53.512,89	1,94066667	$36.872,67	$192.636.89
9	78840	3,19333333	$65.995,56	1,91066667	$36.302,67	2,582	$53.361,33	2,08133333	$39.545,33	$195.204.89
10	87600	3,00666667	$62.137,78	1,71866667	$32.654,67	2,606	$53.857,33	1,93133333	$36.695,33	$185.345.11

4.4. Análisis del Estudio RAM.

En el Capítulo III se explica la metodología empleada para el cálculo del análisis de confiabilidad, disponibilidad y mantenibilidad así como la data necesaria para completar el análisis.

El software "Raptor 7" nos otorga resultados en valores de máximo, mínimo y media o esperado. Considerando que los extremos máximo y mínimo los toma de los percentiles 95 y 5 respectivamente de la distribución de la variable de salida, se ha utilizado a estos resultados como información "Opinión de Expertos".

Para cada año, desde el año 1 (desde 0 horas hasta 8760 horas) hasta el año 10 (desde 78840 horas hasta 87600 horas) se ha calculado el análisis RAM.

Las figuras 4.4 y 4.5 muestran los resultados del análisis RAM para el primer año del período de evaluación, correspondiente a la opción 1: "Sistema Actual".

Para continuar con el resto del estudio y efectuar el análisis de riesgo, se tomaron los datos correspondientes a disponibilidad, número esperado de fallas del sistema y número esperado de fallas por cada equipo del sistema. Del resultado del sofware "Raptor 7" se construyen distribuciones Beta Pert para cada variable de salida obtenida.

Cabe destacar que se repite el análisis para cada año del estudio de ciclo de vida hasta el año 10, del mismo modo se realiza el análisis para las opciones 2 y 3 respectivamente, es decir con un motor y una turbina como elemento motriz y con dos (2) motores eléctricos respectivamente.

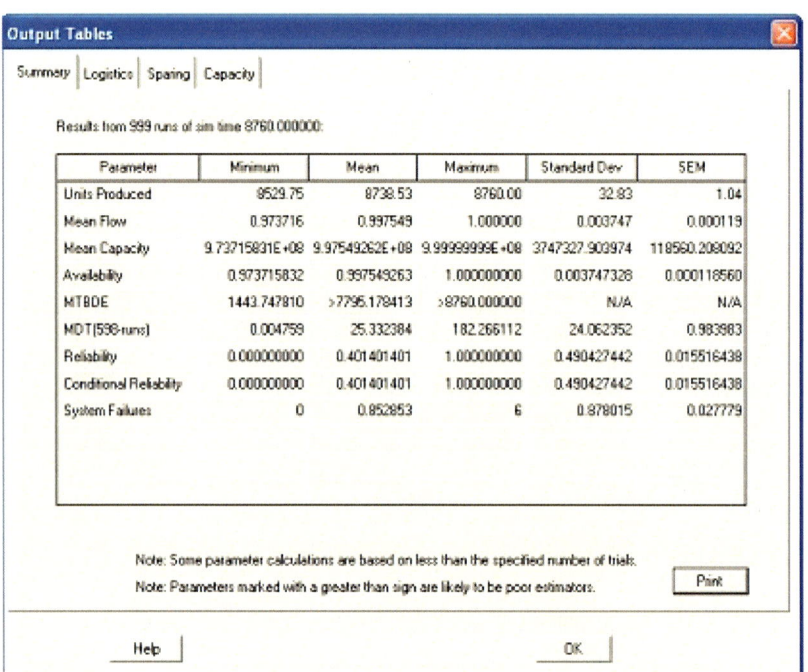

Figura 4.4. Análisis RAM a las 8760 Hrs. Sistema Actual: "Caso 1"

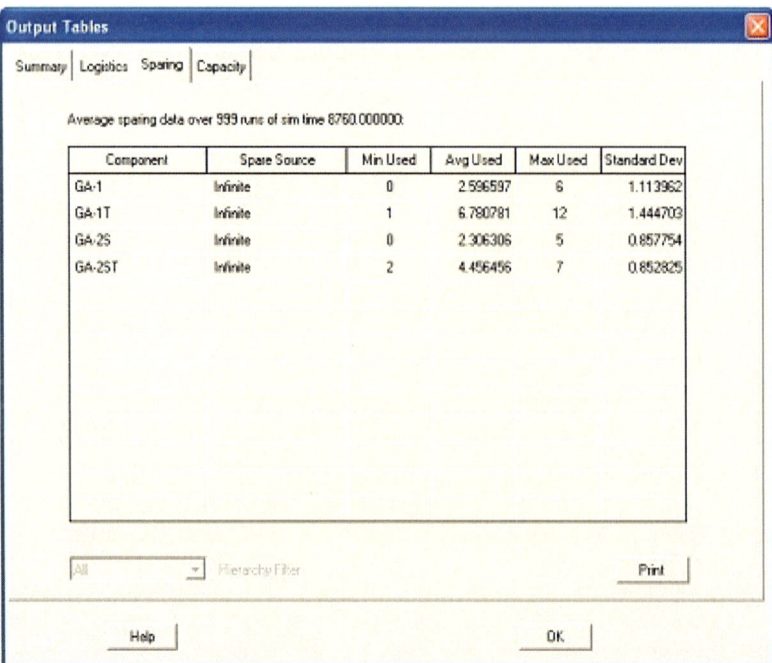

Figura 4.5. Número Esperado de Fallas en Equipos a las 8760 Hrs. Sistema Actual: "Caso 1"

Las siguientes tablas 4.4, 4.5 y 4.6 resumen los resultados del análisis RAM para las tres opciones de configuración respectivamente. Los números mostrados en las tablas corresponden al valor esperado o la "media" de la distribución "Beta Pert" para cada variable. Para cada opción se obtienen como variables de salida el número esperado de fallas para cada equipo del sistema y la distribución disponibilidad esperada, en total son cinco (5) distribuciones para cada opción por cada año en estudio. Considerando diez (10) años de horizonte económico se obtienen cincuenta (50) distribuciones de salida para cada opción de configuración en estudio. Como se explica en el Capítulo II cada distribución "Beta Pert" se construye con los valores máximo, mínimo y más probable obtenidos del resultado del análisis RAM empleando como herramienta el software "Raptor 7.0".

Tabla 4.4. Resumen Resultados del Análisis RAM, Caso 1, Sistema Actual.

SITUACIÓN ACTUAL		GA-1	GA-1T	GA-2S	GA-2ST	Sistema Actual (2 Turbinas)
Año	Hrs	No de Fallas Esperadas	No de Fallas Esperadas	No de Fallas Esperadas	No de Fallas Esperadas	Disponibilidad Esperada
1	8760	2,733	6,700	2,367	4,473	0,990
2	17520	3,040	7,253	2,593	4,880	0,991
3	26280	3,027	6,973	2,787	5,047	0,987
4	35040	2,889	6,907	2,597	4,727	0,985
5	43800	3,047	7,299	2,627	5,069	0,987
6	52560	3,035	6,986	2,757	5,060	0,988
7	61320	2,843	7,255	2,769	5,047	0,986
8	70080	3,034	6,920	2,789	4,893	0,989
9	78840	2,839	6,922	2,589	4,748	0,988
10	87600	2,915	7,454	2,591	4,888	0,988

Tabla 4.5. Resumen Resultados del Análisis RAM, Caso 2, Propuesto 1.

PROPUESTO 1		GA-1	GA-1T	GA-2S	GA-2SM	Sistema 1 (1 Turbina 1 Motor E)
Año	Hrs	No de Fallas Esperadas Acumuladas	No de Fallas Esperadas Acumuladas	No de Fallas Esperadas Acumuladas	No de Fallas Esperadas Acumuladas	Disponibilidad Esperada
1	8760	2,875	6,683	2,354	1,923	0,984
2	17520	2,900	7,279	2,579	2,088	0,993
3	26280	2,859	7,277	2,611	2,133	0,993
4	35040	2,854	7,079	2,778	2,077	0,993
5	43800	2,840	7,043	2,610	2,203	0,992
6	52560	2,853	7,082	2,611	2,100	0,993
7	61320	2,840	7,107	2,631	1,865	0,991
8	70080	3,004	7,285	2,773	1,918	0,992
9	78840	2,865	7,077	2,770	1,938	0,990
10	87600	3,034	7,085	2,577	2,265	0,990

Tabla 4.6. Resumen Resultados del Análisis RAM, Caso 3, Propuesto 2.

PROPUESTO 2		GA-1	GA-1M	GA-2S	GA-2SM	Sistema 2 (2 Motores Eléctricos)
Año	Hrs	No de Fallas Esperadas Acumuladas	No de Fallas Esperadas Acumuladas	No de Fallas Esperadas Acumuladas	No de Fallas Esperadas Acumuladas	Disponibilidad Esperada
1	8760	2,722	2,088	2,354	2,135	0,988
2	17520	3,048	2,304	2,751	2,081	0,993
3	26280	2,833	1,800	2,774	2,285	0,991
4	35040	2,863	2,095	2,756	1,948	0,991
5	43800	2,869	1,963	2,789	1,851	0,993
6	52560	3,191	2,238	2,598	1,946	0,990
7	61320	3,049	2,301	2,604	2,100	0,992
8	70080	2,884	2,245	2,589	1,941	0,993
9	78840	3,193	1,911	2,582	2,081	0,992
10	87600	3,007	1,719	2,606	1,931	0,992

El análisis de estos resultados indica que el número esperado de fallas por equipo disminuye en el caso 2 respecto al caso 1, debido a que el valor esperado de fallas año a año del motor GA-2SM es menor que la turbina GA-2ST, esto se refleja en la disponibilidad esperada con una leve mejora del caso 2 respecto al caso1.

El caso 3 se espera como la opción más confiable debido a que el número esperado de fallas por equipo es menor que el número esperado de fallas del caso 2, debido a que el número esperado de fallas del motor GA-1M es menor que el número esperado de fallas de la turbina GA-1T. Del mismo modo, la disponibilidad esperada año a año es levemente mayor en el caso 3 respecto al caso 2.

4.5. Análisis de Riesgo.

En los Capítulos II y III se explica como se calcula el modelo de análisis de riesgo para las tres (3) opciones en estudio. De este modelo, se representa como factor de importancia el modelo de Pérdida de Producción en US$, para cada caso y para cada opción. En las figuras 4.6, 4.7 y 4.8 se muestran las distribuciones de pronóstico para el modelo señalado, en los casos del año 10 del horizonte económico y para las opciones 1, 2 y 3 respectivamente. De estas distribuciones se puede inferir que la pérdida de producción se espera menor en la opción 3 para el año 10, la cual se espera de US$ 3.294.255,17 respecto al valor esperado de la opción 2 de US$ 4.372.837,56 y para la opción 1 un valor esperado de US$ 4.823.352,05.

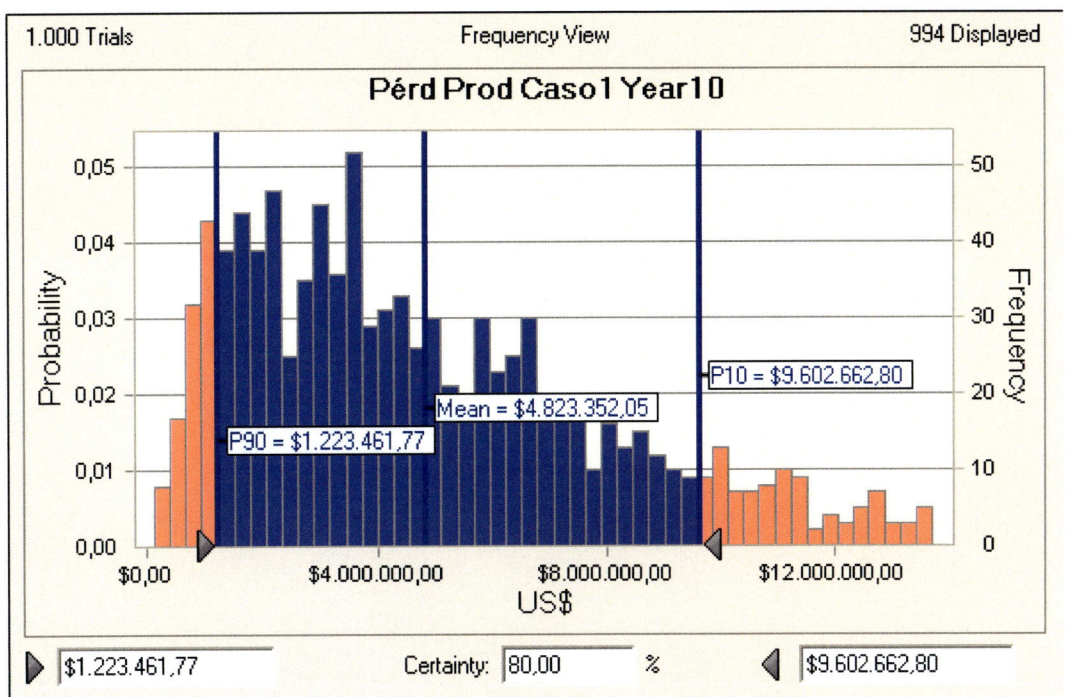

Figura 4.6. Resultados del Modelo Pérdida de Producción Caso 1. Año 10.

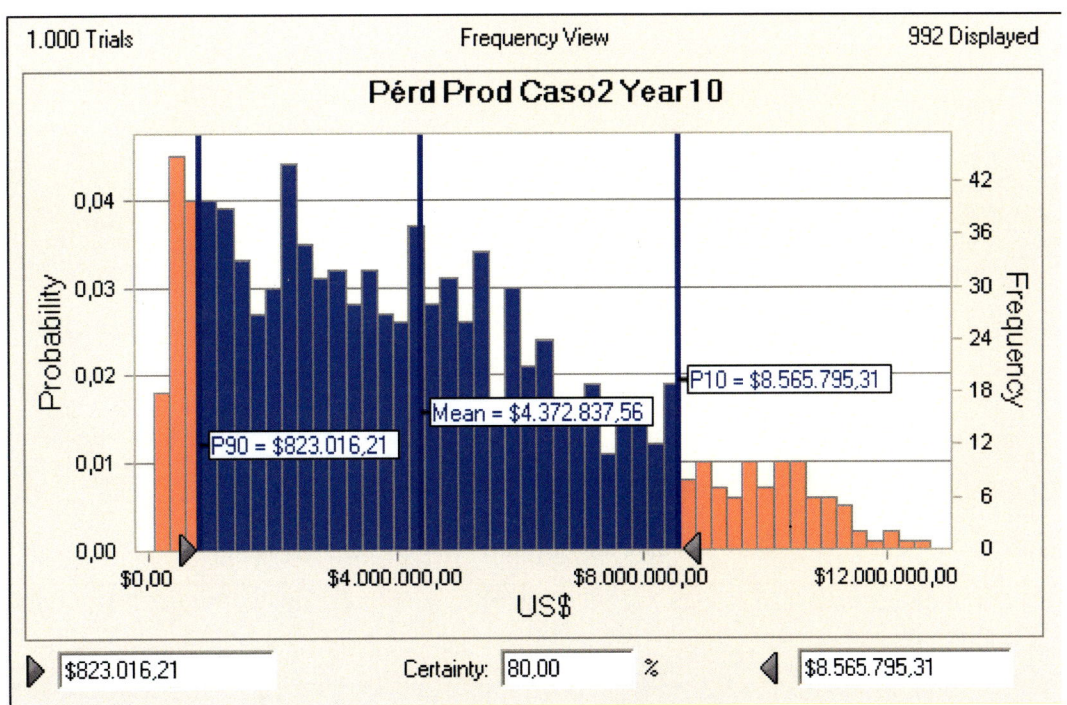

Figura 4.7. Resultados del Modelo Pérdida de Producción Caso 2. Año 10.

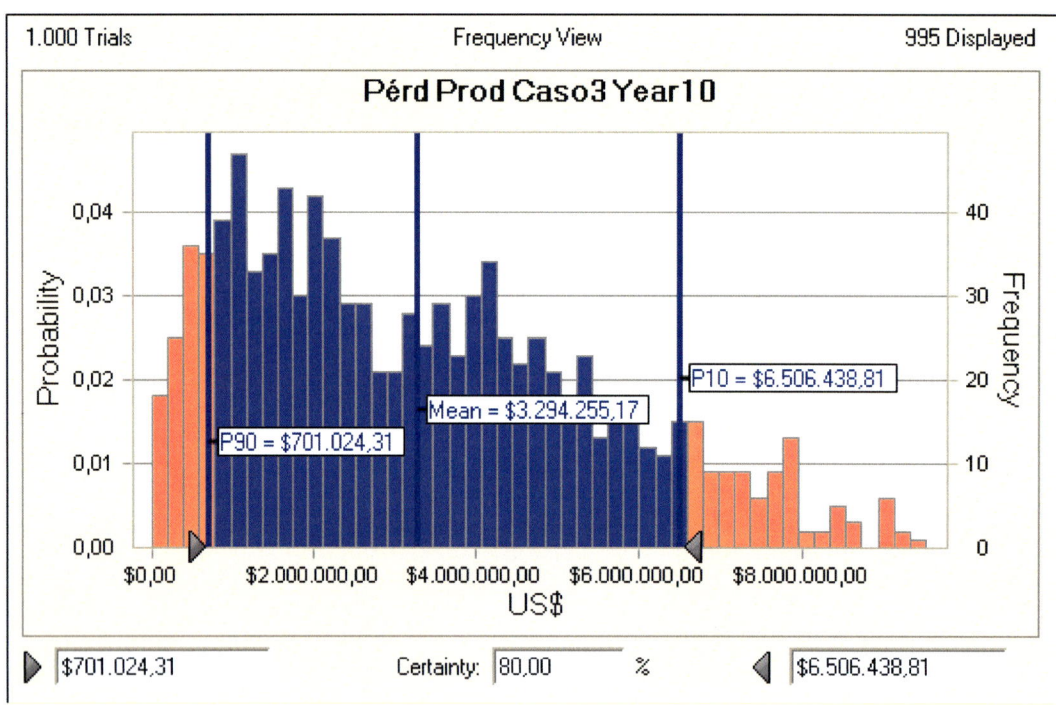

Figura 4.8. Resultados del Modelo Pérdida de Producción Caso 3. Año 10.

El modelo final de análisis de riesgo ha sido representado en una distribución de probabilidades para pronosticar los posibles valores y el esperado año a año, para cada opción de configuración. En las figuras 4.9, 4.10 y 4.11 se observan las distribuciones de valores probables de riesgos económicos para el año diez (10) de las opciones 1, 2 y 3 respectivamente. La figura 4.12 compara los tres (3) resultados.

El menor riego esperado para el año diez (10) se presenta en la opción 3. Este valor esperado de riesgo es de US$ 3.438.707,05 respecto al valor esperado para la opción 2 de US$ 4.380.195,20 y para la opción 3 un valor esperado de US$ 5.383.984,21.

Es importante destacar que existe un 80% de probabilidades que el valor de Riesgo Total para la opción 3 en el año 10 esté entre US$ 851.501,95 y US$ 6.662.710,87 con un valor esperado de US$ 3.438.707,05.

Asimismo, existe un 80% que el valor de Riesgo Total para la opción 2 en el año 10 esté entre US$ 1.143.852,78 y US$ 8.627.057,84 con un valor esperado de US$ 4.380.195,20.

Por último, existe un 80% que el valor de Riesgo Total para la opción 1 en el año 10 esté entre US$ 1.690.601,68 y US$ 9.886.312,97 con un valor esperado de US$ 5.383.984,21.

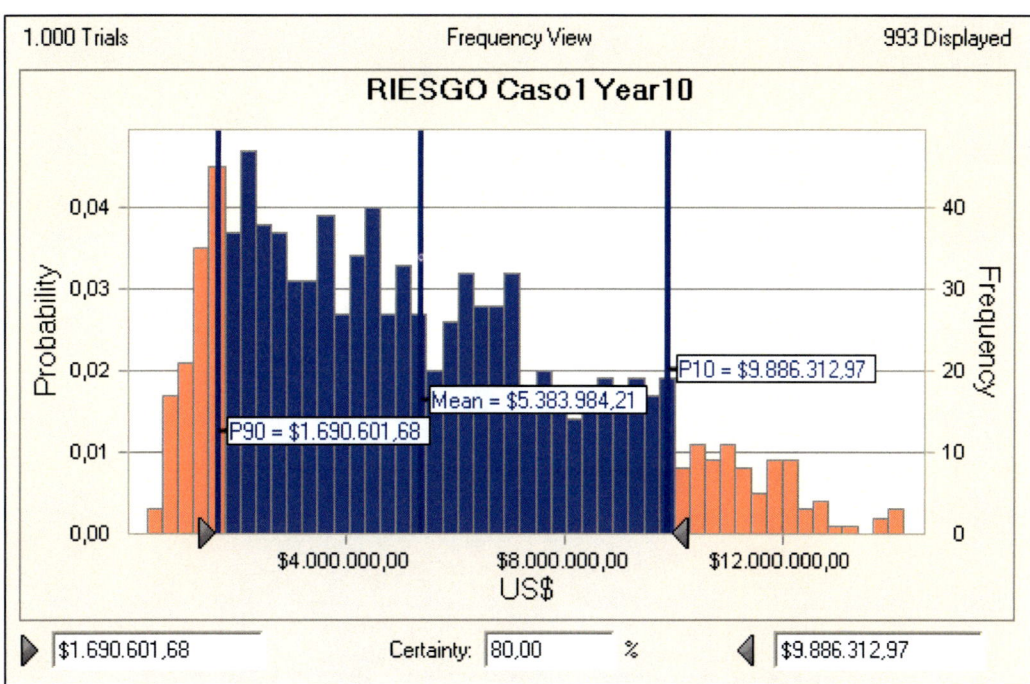

Figura 4.9. Resultados del Modelo de Riesgo. Caso 1. Año 10.

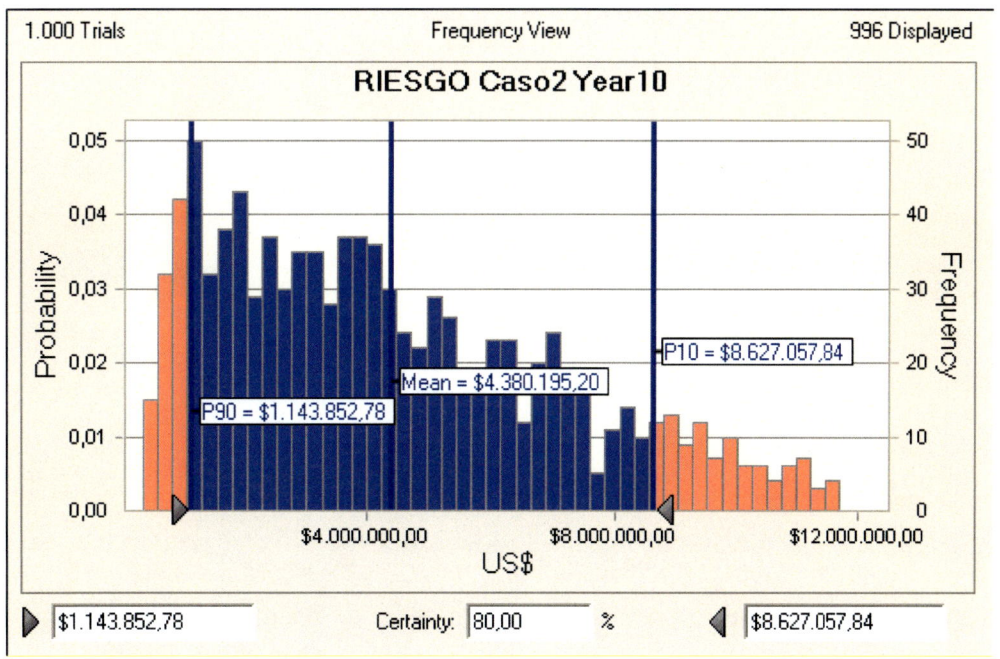

Figura 4.10. Resultados del Modelo de Riesgo. Caso 2. Año 10.

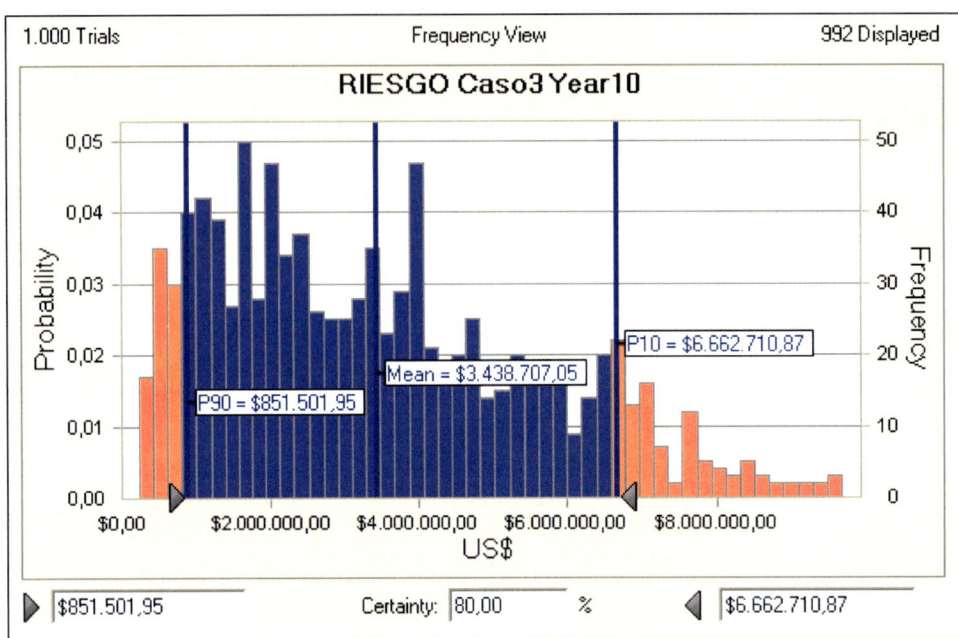

Figura 4.11. Resultados del Modelo de Riesgo. Caso 3. Año 10.

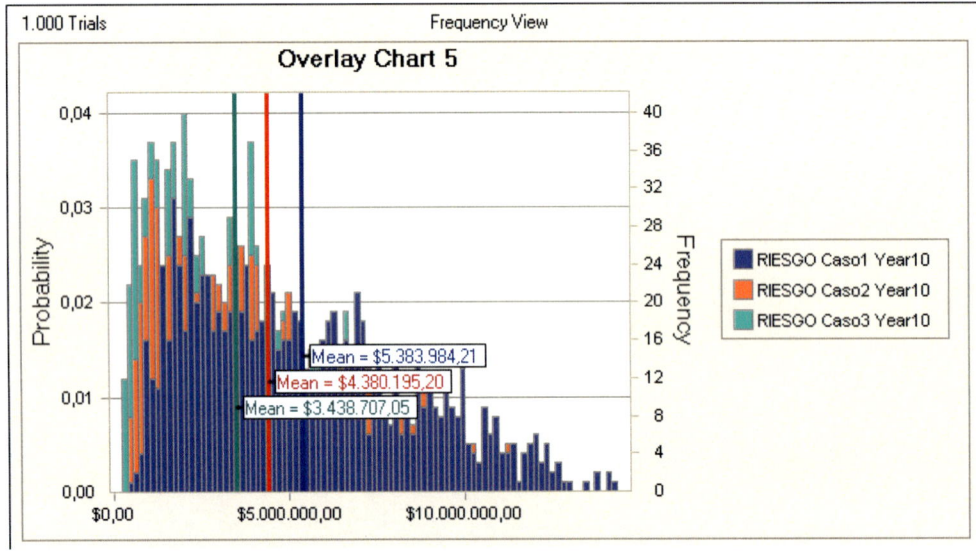

Figura 4.12. Comparación de Resultados del Modelo de Riesgo para cada Caso. Año 10.

Al efectuar un análisis de sensibilidad del modelo de Análisis de Riesgo, tomando el caso del año 10 para la opción 1 se identifica que el 80% de la contribución a la variación de la incertidumbre está asociada a la variable Disponibilidad Esperada, tal y como muestra la figura 4.13.

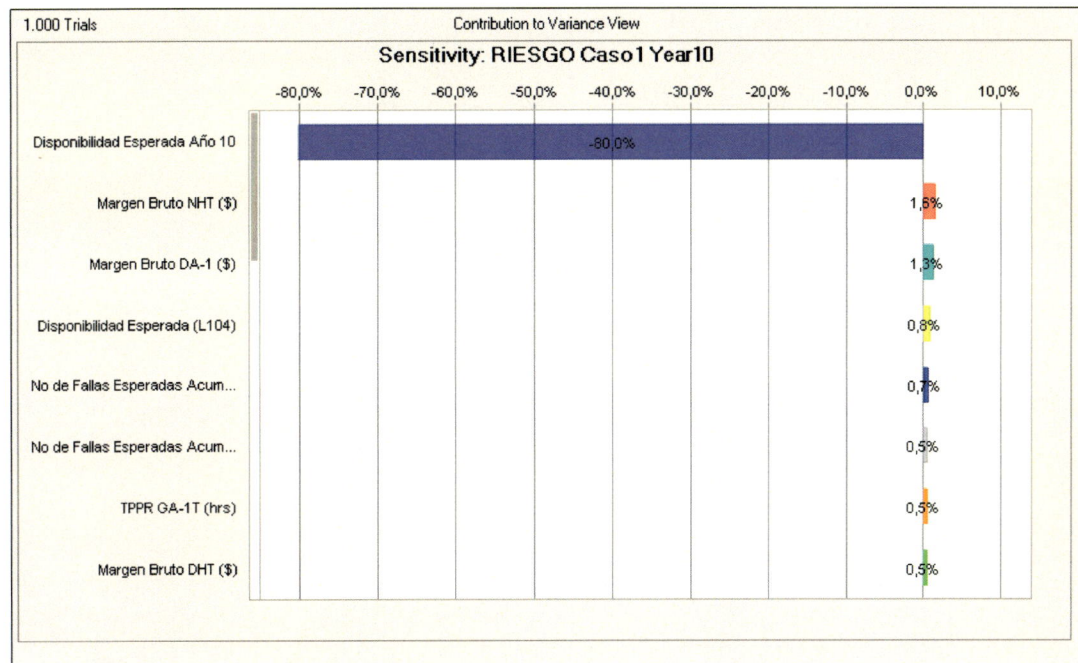

Figura 4.13. Análisis de Sensibilidad para El Modelo de Riesgo. Año 10.

En este sentido, es necesario mejorar la certeza asociada a la variable Disponibilidad Esperada para cada año de evaluación y para cada opción. Considerando que esta variable de entrada al modelo Análisis de Riesgo es una distribución que se obtiene como salida del Análisis RAM, es necesaria la implementación de estrategias que permitan minimizar la incertidumbre asociada al análisis RAM, como por ejemplo:

- Calidad de la data histórica de falla y reparación.
- Compra de información empleando "Opinión de Expertos" y apoyo en Bases de Datos Genéricas.
- Empleo de herramienta computacional adecuada para el desarrollo del Análisis RAM.

4.6. Análisis Económico del Ciclo de Vida.

En el Capítulo III se explicó el Análisis Económico del Ciclo de Vida, así como el modelo matemático que lo dirige para este caso de estudio, las variables involucradas en el modelo, las premisas derivadas del contexto del análisis así como el manejo probabilístico de los datos asociados.

Las tablas 4.7, 4.8 y 4.9 resumen los resultados para cada opción de estudio. Se muestran los valores medios para cada distribución. Cada valor sombreado de azul en la tabla corresponde a una distribución de probables valores y la media se muestra en la tabla.

Tabla 4.7. Resultados del AECV para el Caso 1.

AÑO	Egresos ($)	Flujo de Caja (antes de ISLR) $	ISLR 50%	Ingresos Después de ISLR = Flujo de Caja $	VPN ($)
1	127.569.205,29	283.226.128,05	141.613.064,02	141.613.064,02	118.010.886,69
2	127.513.670,94	283.281.662,40	141.640.831,20	141.640.831,20	216.372.575,02
3	128.948.065,21	281.847.268,12	140.923.634,06	140.923.634,06	297.925.603,99
4	129.769.159,92	281.026.173,41	140.513.086,71	140.513.086,71	365.688.473,73
5	128.863.530,05	281.931.803,29	140.965.901,64	140.965.901,64	422.339.508,02
6	128.435.353,88	282.359.979,45	141.179.989,73	141.179.989,73	469.620.400,93
7	129.354.462,63	281.440.870,70	140.720.435,35	140.720.435,35	508.892.891,83
8	128.329.663,19	282.465.670,15	141.232.835,07	141.232.835,07	541.739.135,37
9	128.697.563,18	282.097.770,15	141.048.885,07	141.048.885,07	569.075.354,25
10	128.594.958,57	282.200.374,77	141.100.187,38	141.100.187,38	591.863.822,26

Tabla 4.8. Resultados del AECV para el Caso 2.

AÑO	Egresos ($)	Flujo de Caja (antes de ISLR) $	ISLR 50%	Ingresos Después de ISLR) = Flujo de Caja $	VPN ($)
	400.000,00 (II)				
1	130.066.415,74	280.728.917,59	140.364.458,80	140.364.458,80	116.970.382,33
2	126.458.518,69	284.336.814,65	142.168.407,32	142.168.407,32	215.298.442,97
3	126.591.395,01	284.203.938,33	142.101.969,16	142.101.969,16	297.533.378,83
4	126.444.559,91	284.350.773,43	142.175.386,71	142.175.386,71	366.097.897,89
5	127.019.659,20	283.775.674,14	141.887.837,07	141.887.837,07	660.264.575,86
6	126.357.364,95	284.437.968,38	142.218.984,19	142.218.984,19	667.956.901,05
7	127.280.662,34	283.514.670,99	141.757.335,49	141.757.335,49	674.346.364,03
8	127.043.289,63	283.752.043,70	141.876.021,85	141.876.021,85	679.675.374,51
9	127.736.741,89	283.058.591,44	141.529.295,72	141.529.295,72	684.105.363,74
10	127.758.028,63	283.037.304,70	141.518.652,35	141.518.652,35	687.796.743,81

Tabla 4.9. Resultados del AECV para el Caso 3.

AÑO	Egresos ($)	Flujo de Caja (antes de ISLR) $	ISLR 50%	Ingresos Después de ISLR) = Flujo de Caja $	VPN ($)
	600.00,00 (II)				
1	128.475.871,77	282.319.461,56	141.159.730,78	141.159.730,78	117.633.108,98
2	126.354.542,41	284.440.790,92	142.220.395,46	142.220.395,46	215.797.272,50
3	127.326.793,45	283.468.539,89	141.734.269,94	141.734.269,94	297.819.419,46
4	127.306.098,11	283.489.235,22	141.744.617,61	141.744.617,61	366.176.198,78
5	126.137.627,30	284.657.706,04	142.328.853,02	142.328.853,02	698.855.729,60
6	127.448.047,18	283.347.286,16	141.673.643,08	141.673.643,08	700.093.319,24
7	126.727.773,37	284.067.559,96	142.033.779,98	142.033.779,98	701.127.265,58
8	126.179.692,51	284.615.640,83	142.307.820,41	142.307.820,41	701.990.549,95
9	126.847.180,68	283.948.152,65	141.974.076,33	141.974.076,33	702.708.266,43
10	126.691.868,82	284.103.464,51	142.051.732,26	142.051.732,26	703.306.690,63

En este caso, la figura de mérito o indicador de interés es el Valor Presente Neto (VPN) para el año 10 en cada una de las opciones en estudio. Debido al tratamiento de los datos de entrada, el cual ha sido un tratamiento probabilístico para minimizar la incertidumbre asociada a las variables de salida, se obtienen dos (2) indicadores de carácter probabilísticos asociados al VPN, ellos los mismos son Factor de Riesgo y Factor de Rentabilidad.

Factor de Riesgo (Fr) el cual representa la probabilidad de existir valores menores a cero (0) en la distribución de salida del indicador VPN.

Factor de Rentabilidad (FR) es el valor más probable de la distribución VPN, es decir la media de la distribución de valores de salida.

Las figuras 4.14, 4.15 y 4.16 muestran las distribuciones que caracterizan los datos de salida del modelo VPN para el año diez (10) y para cada opción respectivamente. Se muestran en forma gráfica, con sus respectivos valores medios y el rango de valores mayores a cero (0).

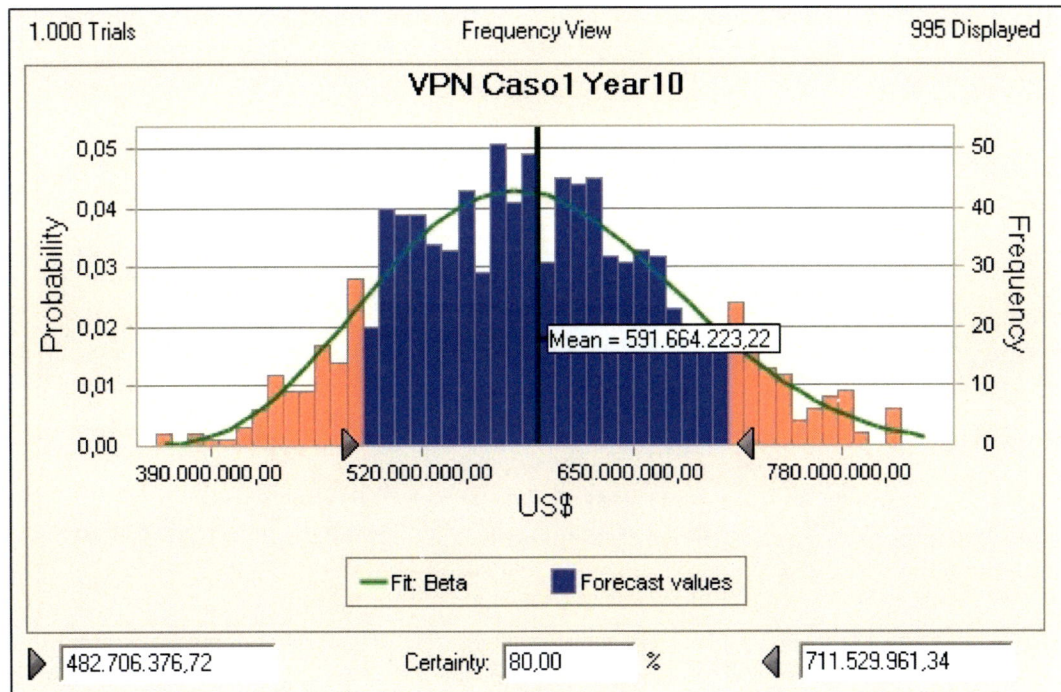

Figura 4.14. Distribución del Valor Presente Neto (VPN) Al Año 10 Caso 1.

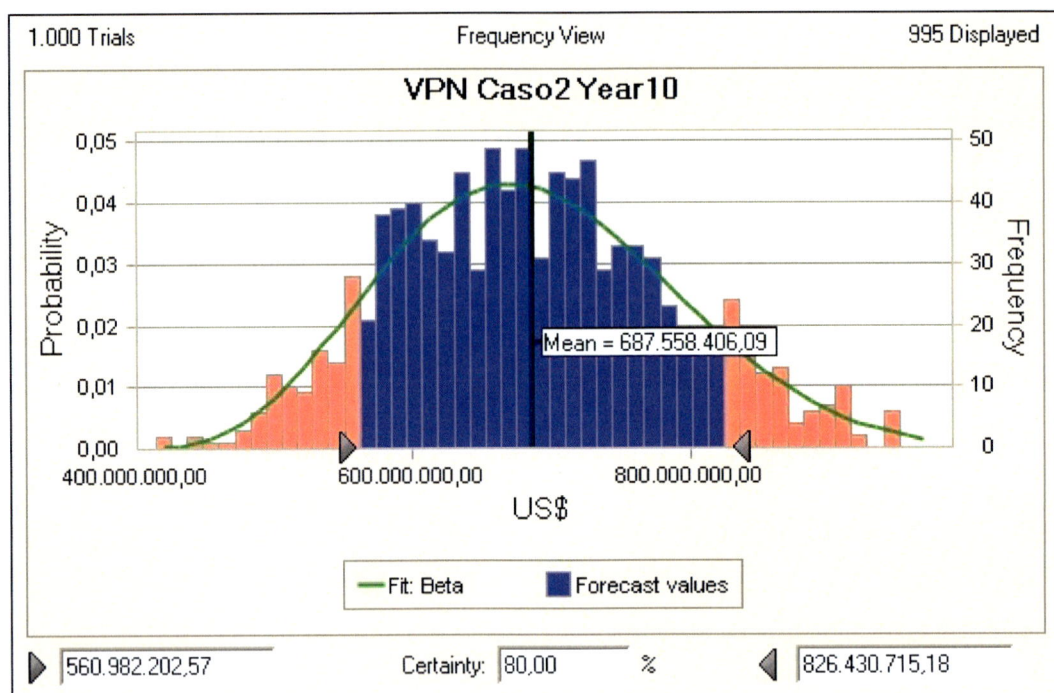

Figura 4.15. Distribución del Valor Presente Neto (VPN) Al Año 10 Caso 2.

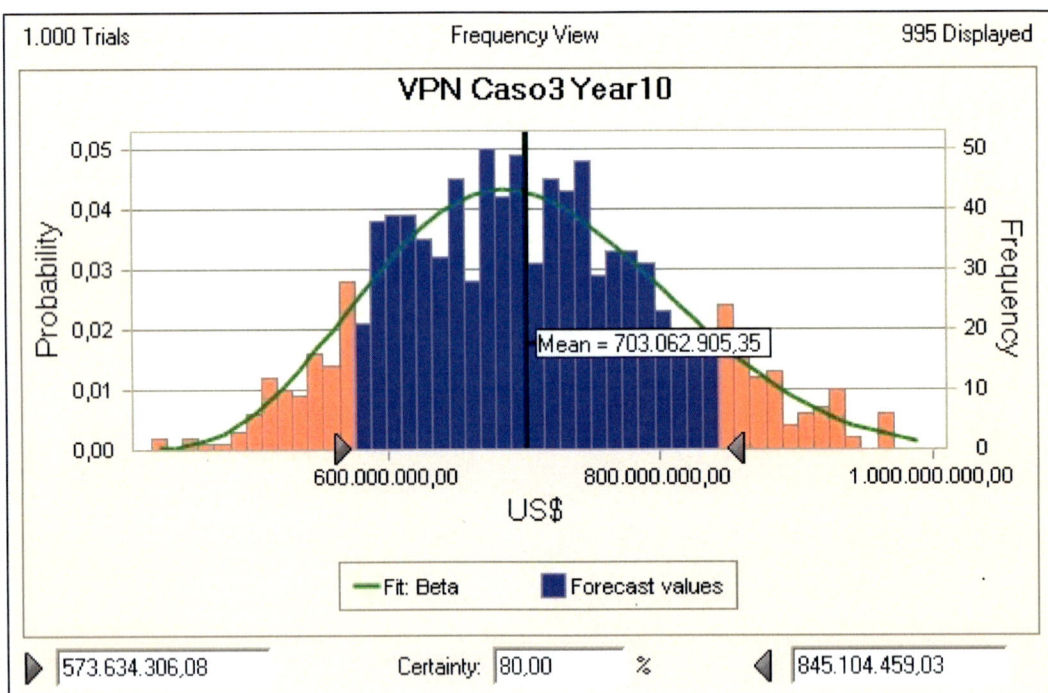

Figura 4.16. Distribución del Valor Presente Neto (VPN) Al Año 10 Caso 3.

En la tabla 4.10 se representan los resultados de Factor de Riesgo y Factor de Rentabilidad para cada opción a evaluar en el caso de estudio.

Tabla 4.10. Factor de Riesgo y Rentabilidad Para Cada Caso en Estudio

RESUMEN DE ANÁLISIS ECONÓMICO DEL CICLO DE VIDA		
OPCIONES	FACTOR DE RIESGO	FACTOR DE RENTABILIDAD
CASO 1	0%	591.664.223,22
CASO 2	0%	687.558.406,09
CASO 3	0%	703.062.905,35

Ninguna de la tres (3) opciones presenta factor de riesgo, es decir, cada una de las distribuciones tienen un 100% de probabilidades que sus valores sean mayores a cero (0).

El mayor valor de Factor de Rentabilidad es para la opción nro. 2, la cual representa el caso nro. 3.

Un análisis de sensibilidad del modelo VPN nos muestra aquellas variables que mayor afectan la varianza del resultado, en este sentido podemos analizar el indicador VPN. Es de resaltar que la figura 4.17 muestra el análisis de sensibilidad para el indicador VPN del caso número 3 para el período de diez (10) años.

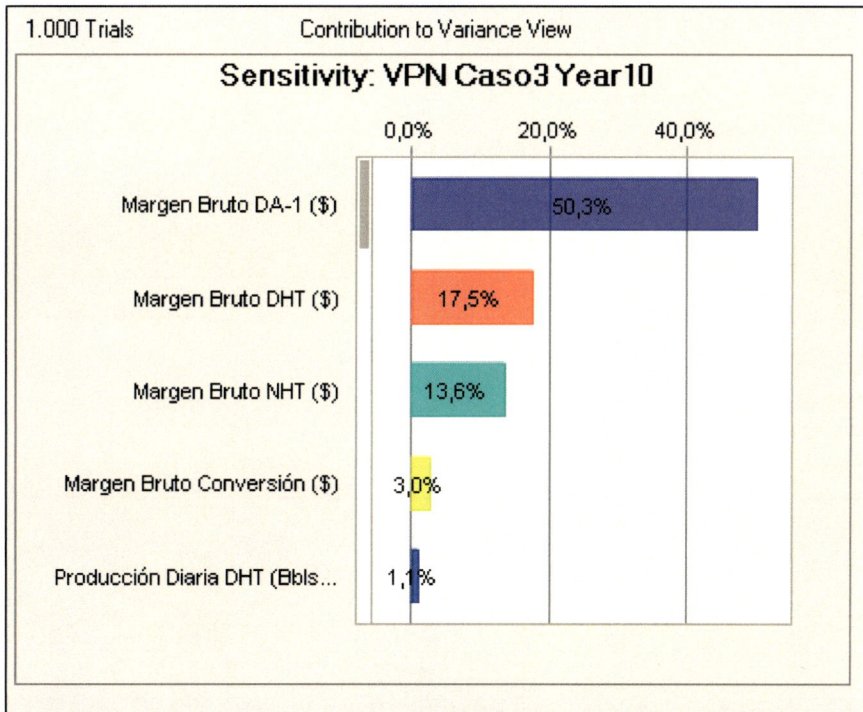

Figura 4.17. Análisis de Sensibilidad. VPN Caso 3. Año 10.

De la figura anterior se resume que la Variable: Margen Bruto DA-1 ($) afecta en mas del 50% la varianza del la variable de salida VPN, esto quiere decir que el 50% de la incertidumbre asociada al resultado de VPN puede ser disminuida mediante un tratamiento de esta variable antes de analizar.

4.7. Análisis del Costo del Ciclo de Vida.

En el Capítulo III se definió el Análisis del Costo del Ciclo de Vida, así como el modelo matemático que lo dirige para este caso de estudio, las variables involucradas en el modelo, las premisas derivadas del contexto del análisis así como el manejo probabilístico de los datos asociados.

Las tablas 4.11, 4.12 y 4.13 resumen los resultados para cada opción de estudio.

Tabla 4.11. Resultados del Análisis del Costo del Ciclo de Vida Sistema Actual. Caso 1.

AÑO	Inversión	Riesgo=Pérdidas totales esperadas por año ($)	Egresos / Costos ($)	CCV ($)
	0			
1		4.330.605,29	4.330.605,29	3.608.837,74
2		4.275.070,94	4.275.070,94	6.577.637,00
3		5.709.465,21	5.709.465,21	9.881.725,67
4		6.530.559,92	6.530.559,92	13.031.108,34
5		5.624.930,05	5.624.930,05	15.291.641,57
6		5.196.753,88	5.196.753,88	17.032.023,93
7		6.115.862,63	6.115.862,63	18.738.848,95
8		5.091.063,19	5.091.063,19	19.922.867,53
9		5.458.963,18	5.458.963,18	20.980.851,17
10		5.356.358,57	5.356.358,57	21.845.932,98

Tabla 4.12. Resultados del Análisis del Costo del Ciclo de Vida Sistema Actual. Caso 2.

AÑO	Inversión	Riesgo=Pérdidas totales esperadas por año ($)	Egresos ($)	CCV ($)
	400.000,00			
1		6.827.815,74	6.827.815,74	6.089.846,45
2		3.219.918,69	3.219.918,69	8.325.901,09
3		3.352.795,01	3.352.795,01	10.266.175,98
4		3.205.959,91	3.205.959,91	11.812.260,04
5		3.781.059,20	3.781.059,20	13.331.782,93
6		3.118.764,95	3.118.764,95	14.376.251,00
7		4.042.062,34	4.042.062,34	15.504.316,42
8		3.804.689,63	3.804.689,63	16.389.165,63
9		4.498.141,89	4.498.141,89	17.260.935,66
10		4.519.428,63	4.519.428,63	17.990.848,62

Tabla 4.13. Resultados del Análisis del Costo del Ciclo de Vida Sistema Actual. Caso 3.

AÑO		Riesgo=Pérdidas totales esperadas por año ($)	Egresos ($)	CCV ($)
	600.000,00			
1		5.237.271,77	5.237.271,77	4.964.393,14
2		3.115.942,41	3.115.942,41	7.128.242,04
3		4.088.193,45	4.088.193,45	9.494.094,73
4		4.067.498,11	4.067.498,11	11.455.658,25
5		2.899.027,30	2.899.027,30	12.620.712,30
6		4.209.447,18	4.209.447,18	14.030.447,64
7		3.489.173,37	3.489.173,37	15.004.211,89
8		2.941.092,51	2.941.092,51	15.688.216,01
9		3.608.580,68	3.608.580,68	16.387.583,12
10		3.453.268,82	3.453.268,82	16.945.305,32

En las tablas anteriores se muestran los valores más probables de cada una de las distribuciones aquí representadas, es decir es la media de cada distribución.

En este caso, la figura de mérito o indicador de interés es el Costo del Ciclo de Vida (CCV) también llamada Costo Anual Equivalente (CAE) para el año 10 en cada una de las opciones en estudio. Debido al tratamiento de los datos de entrada, el cual ha sido un tratamiento probabilístico para minimizar la incertidumbre asociada a las variables de salida, se obtiene el valor más probable de la distribución CAE, es decir la media de la distribución de valores de salida. Las figuras 4.18, 4.19 y 4.20 muestran las distribuciones que caracterizan los datos de salida del modelo CAE para el año diez (10) y para cada opción respectivamente.

La tabla 4.14 se resumen los resultados de Costo Anual Equivalente (CAE) para cada opción a evaluar en el caso de estudio

El menor valor de Costo Anual Equivalente (CAE) es para el caso nro. 3 de estudio.

Un análisis de sensibilidad del modelo Costo Anual Equivalente (CAE) nos muestra aquellas variables que mayor afectan la varianza del resultado, en este sentido podemos analizar el indicador CAE. Es de resaltar que la figura 4.21 muestra el análisis de sensibilidad para el indicador CAE del caso número 3 para el período de diez (10) años, de la cual se resume que la variable: Disponibilidad Esperada afecta en mas del 36% la varianza del la variable de salida Costo Anual Equivalente (CAE), esto quiere decir que el 36% de la incertidumbre asociada al resultado de Costo Anual Equivalente (CAE) puede ser disminuida mediante un tratamiento de esta variable antes de analizar.

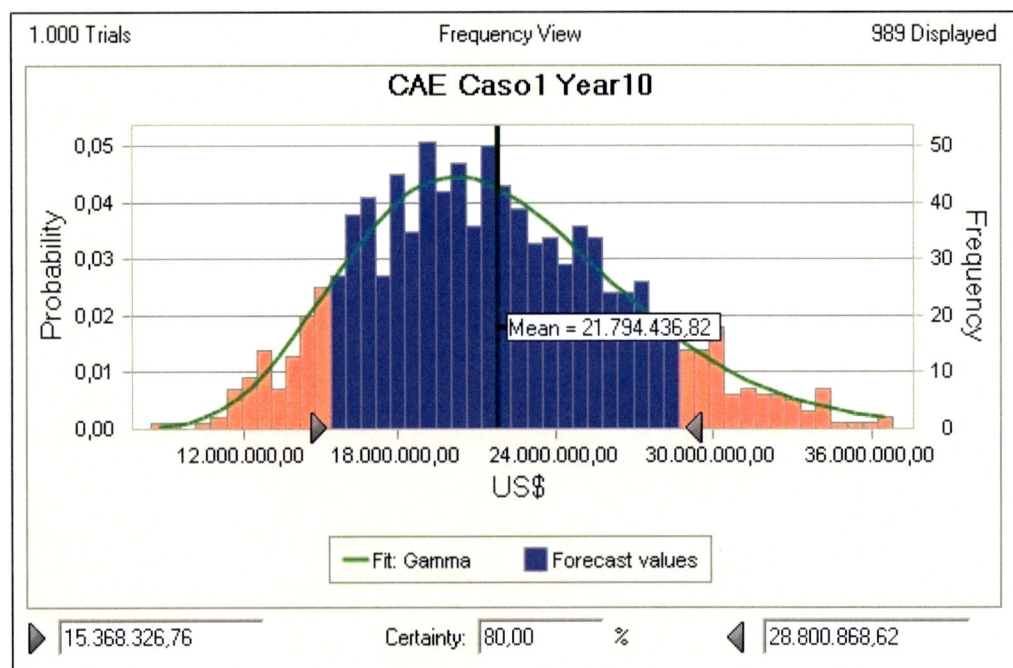

Figura 4.18. Distribución del Costo Anual Equivalente (CAE) Al Año 10 Caso 1.

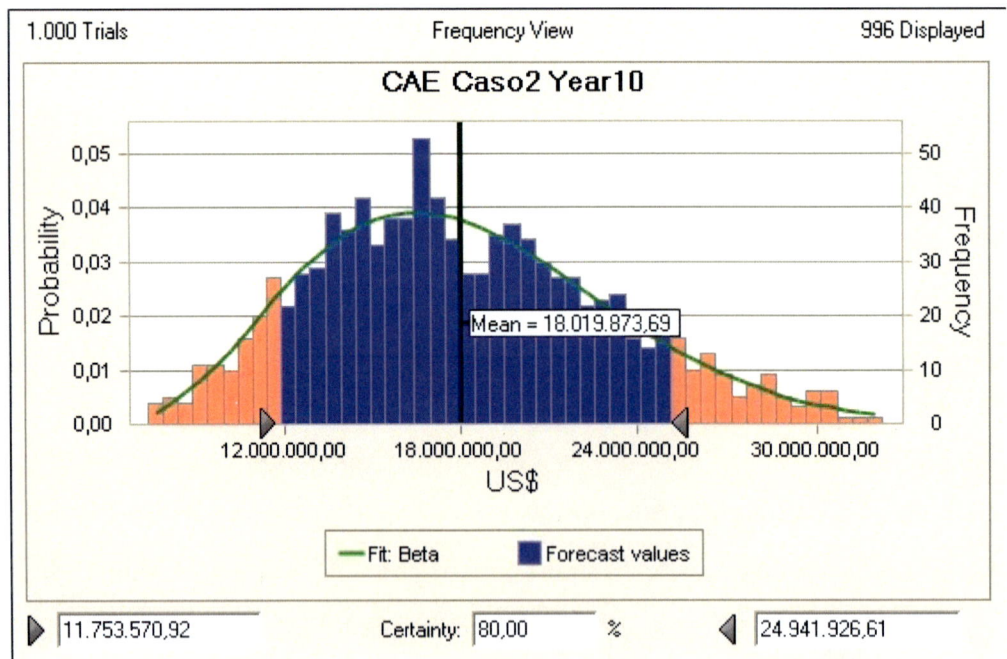

Figura 4.19. Distribución del Costo Anual Equivalente (CAE) Al Año 10 Caso 2.

58

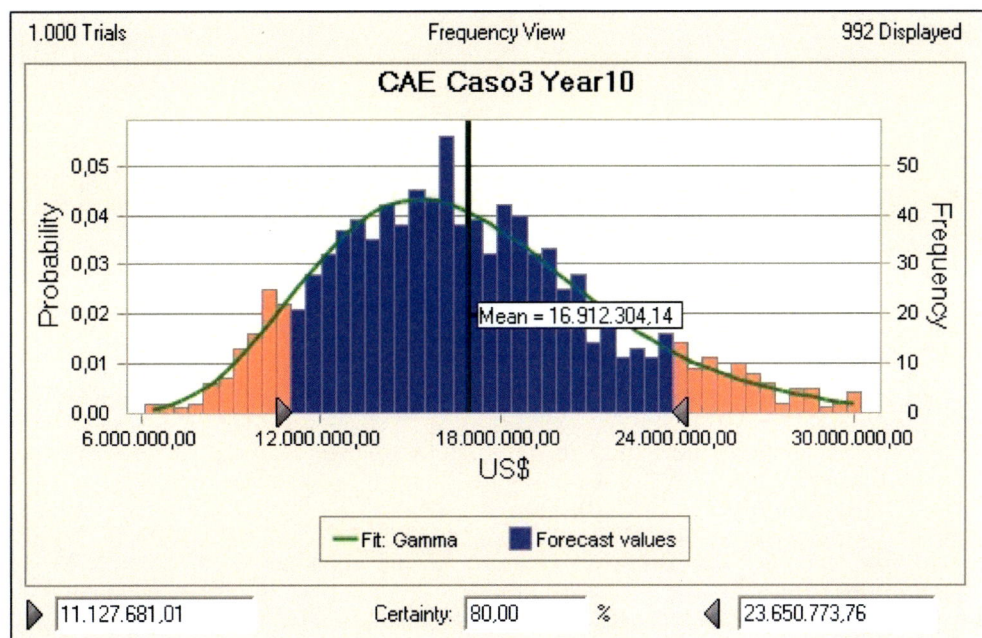

Figura 4.20. Distribución del Costo Anual Equivalente (CAE) Al Año 10 Caso 3.

Tabla 4.14. Costo Anual Equivalente (CAE) Para Cada Caso en Estudio.

OPCIONES	CAE (CCV) 10 AÑOS
CASO 1	21.794.436,82
CASO 2	18.019.873,69
CASO 3	16.912.304,14

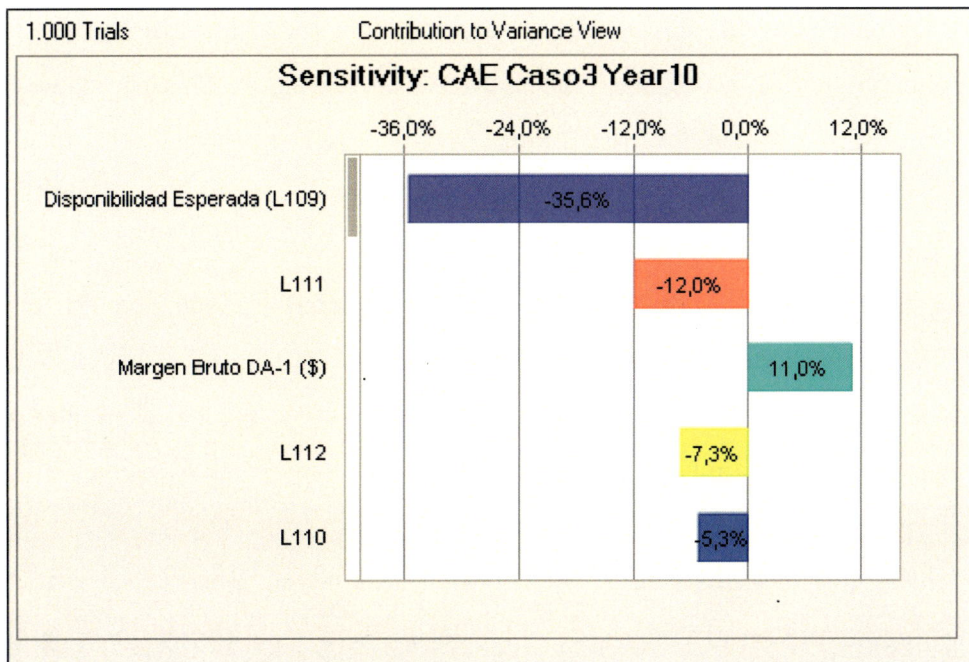

Figura 4.21. Análisis de Sensibilidad. Costo Anual Equivalente (CAE) Caso 3. Año 10.

CAPITULO V
CONCLUSIONES Y RECOMENDACIONES

5.1. Conclusiones.

Se concluye que la opción nro. 3, reemplazar las dos turbinas a vapor por dos motores eléctricos, es la opción más rentable para el proyecto de evaluación del sistema de carga a la Unidad UD de Refinería Mayor.

Adicionalmente, del presente estudio es posible destacar elementos que permiten apoyar y soportar el proceso de toma de decisiones durante la fase de visualización y conceptualización de los proyectos. Desde el punto de vista económico variables de confiabilidad son incorporadas para hacer más cercano a la realidad el pronóstico financiero. Adicionalmente, con la inclusión de los análisis probabilísticos de las variables que conforman los modelos en estudio, es posible administrar la incertidumbre que por naturaleza está asociada a los análisis financieros, egresos e ingresos probables durante el horizonte económico de los proyectos. Este factor probabilístico en los estudios permite soportar los análisis del ciclo de vida de los activos con mayor certeza que los estudios tradicionales. Desde el punto de vista específico es necesario resaltar las siguientes conclusiones:

- El modelo para el estudio del Valor Presente Neto (VPN) y el Costo Anual Equivalente (CAE) desarrollado en este análisis permite la integración de modelos simplificados, con la finalidad de generar una visión global del Análisis Económico del Ciclo de Vida para un activo o sistema, considerando todos los elementos que conforman la vida útil del activo.

- En el caso de evaluar opciones que posean el mismo ingreso económico probable durante su ciclo de vida, el Análisis del Costo del Ciclo de Vida es el estudio que permitirá obtener la recomendación más rentable al negocio. Esto mediante la estimación del indicador CAE.

- El Análisis del Costo del Ciclo de Vida puede incluir el modelo de Riesgo, el cual es de alta importancia en el proceso de toma de decisiones para seleccionar la alternativa de mayor rentabilidad y menor CAE, así como para jerarquizar carteras de proyectos.

- El tratamiento estadístico de las variables que conforman los modelos simples y el modelo completo de Análisis del Costo del Ciclo de Vida permitirán obtener una distribución de probables valores para el Costo Anual Equivalente (CAE). En este sentido, se puede administrar o gerenciar la incertidumbre asociada al modelo del CAE, permitiendo mejorar el proceso de toma de decisiones.

- La variable estadística "Disponibilidad Esperada" es la que mayormente influye en la dispersión de los datos de salida del modelo Costo Anual Equivalente (CAE), tal y como muestra el análisis de sensibilidad efectuado. Esta variable influye en el 80% de la variación del modelo de Análisis de Riesgo.

- El análisis de Confiabilidad, Disponibilidad y Mantenibilidad (RAM por sus siglas en inglés, como es conocido en la literatura de Ingeniería de Confiabilidad) es la metodología que se emplea para obtener esta variable de Disponibilidad Esperada. El tratamiento de la data de falla y reparación es fundamental para minimizar la incertidumbre asociada al resultado de la distribución de Disponibilidad Esperada.

- Para el Análisis Económico del Ciclo de Vida, el caso de estudio muestra que las variables denominadas: Margen Bruto de la Unidades DA-1, NHT y DHT son las que mayormente influyen en la dispersión de los datos en la distribución de salida para el modelo del VPN. Estas tres variables representan el 80% de la variación del modelo VPN.

- De las tres (3) alternativas evaluadas para definir la configuración del Sistema de Carga de la UD-1 resulta más rentable la tercera (3ra) debido a que se espera un VPN para el año 10 de 703 MMUS\$ con un 80% de probabilidad de obtener un VPN al año 10 entre 560 MMUS\$ y 826 MMUS\$.

- El resultado anterior es comprobado con la distribución del modelo para el CAE, la cual produce como resultado que la opción 3 es la más rentable con base en la media de la distribución la cual es igual a 16,9 MMUS\$ con un 80% de probabilidad de obtener un CAE al año 10 entre 11,1 MMUS\$ y 23,6 MMUS\$.

5.2. Recomendaciones.

- Se recomienda ejecutar el proyecto según se describe en la alternativa número 3; es decir, instalar dos (2) motores eléctricos como elementos motrices para las bombas de carga de crudo a la Unidad UD-1 de Refinería Mayor, debido a ser la opción de mayor rentabilidad al negocio con un VPN esperado al año 10 de 703 MMUS$ con un 80% de probabilidad de obtener un VPN al año 10 entre 560 MMUS$ y 826 MMUS$, adicionalmente a ser la opción con menor Costo Anual Equivalente (CAE) esperado al año 10 igual a 16,9 MMUS$ con un 80% de probabilidad de obtener un CAE al año 10 entre 11,1 MMUS$ y 23,6 MMUS$.

- El Análisis del Costo del Ciclo de Vida es el estudio que debe llevarse a cabo para determinar la alternativa que ofrece mayor rentabilidad al negocio productivo, siempre y cuando se evalúen alternativas de un mismo proyecto y todas las alternativas ofrezcan las mismas condiciones de producción y función del proceso productivo, por lo tanto se estimen las mismas ganancias o ingresos durante el ciclo de vida del proyecto, desde su concepción, pasando por el período de operación, uso y mantenimiento, hasta su desincorporación.

- Es imprescindible efectuar un tratamiento estadístico a las variables de entrada en los modelos económicos y financieros del VPN y CAE, con el fin de obtener distribuciones de salida en cada modelo, las cuales permitan gerenciar y administrar la incertidumbre asociada a cada indicador financiero. Esto permitirá sustentar estadísticamente el proceso de toma de decisiones y mejorar la certeza del pronóstico a efectuar.

- Es necesario mejorar la certeza asociada a la variable Disponibilidad Esperada para cada año de evaluación y para cada opción, debido a ser esta la variable que posee mayor peso porcentual en la variación del resultado del indicador CAE. Considerando que esta variable de entrada al modelo Análisis de Riesgo es una distribución que se obtiene como salida del Análisis RAM, es necesaria la implementación de estrategias que permitan minimizar la incertidumbre asociada al análisis RAM, como por ejemplo: Calidad de la data histórica de falla y reparación, compra de información empleando "Opinión de Expertos" y apoyo en Bases de Datos Genéricas, empleo de herramienta computacional adecuada para el desarrollo del Análisis RAM.

- Es necesario conformar un equipo multidisciplinario de trabajo para desarrollar los estudios Económicos y del Costo del Ciclo de Vida, con el objetivo de validar cada uno de los datos de entrada y variables del proceso en estudio para mejorar la calidad de los mismos y minimizar la incertidumbre de salida. Este equipo debe incluir representantes de amplia experiencia en las Operaciones, Mantenimiento, Disciplinas Técnicas, Especialistas del Proceso Productivo, Planificación de Proyectos, Finanzas, Facilitadores e Ingenieros de Confiabilidad.

REFERENCIAS BIBLIOGRAFICAS

[1] Yanez, Medardo – Gómez de la Vega, Hernando – Semeco, Karina, Confiabilidad Integral, Sinergia de Disciplinas, Tomo I, Reliability and Risk Management S.A. (R2M, S.A), Venezuela, Enero 2007.

[2] Yanez, Medardo – Gómez de la Vega, Hernando – Semeco, Karina, Confiabilidad Integral, Sinergia de Disciplinas, Tomo II, Reliability and Risk Management S.A. (R2M, S.A), Venezuela, Enero 2007.

[3] Yanez, Medardo – Gómez de la Vega, Hernando – Semeco, Karina, Confiabilidad Integral, Sinergia de Disciplinas, Tomo III, Reliability and Risk Management S.A. (R2M, S.A), Venezuela, Enero 2007.

Made in the USA
Middletown, DE
02 October 2018